MEDITATION FÜR ANFÄNGER

Meditieren Lernen Für Anfänger Und Einsteiger
- Für Mehr Ruhe

(Anti Stress - Praxisteil Mit Meditations- Und Achtsamkeitsübungen)

Juliane Barth

Published by Knowledge Icon

© **Juliane Barth**

All Rights Reserved

Meditation Für Anfänger: Meditieren Lernen Für Anfänger Und Einsteiger - Für Mehr Ruhe (Anti Stress - Praxisteil Mit Meditations- Und Achtsamkeitsübungen)

ISBN 978-1-990084-96-6

All rights reserved. No part of this guide may be reproduced in any form without permission in writing from the publisher except in the case of brief quotations embodied in critical articles or reviews.

Legal & Disclaimer

The information contained in this book is not designed to replace or take the place of any form of medicine or professional medical advice. The information in this book has been provided for educational and entertainment purposes only.

The information contained in this book has been compiled from sources deemed reliable, and it is accurate to the best of the Author's knowledge; however, the Author cannot guarantee its accuracy and validity and cannot be held liable for any errors or omissions. Changes are periodically made to this book. You must consult your doctor or get professional medical advice before using any of the suggested remedies, techniques, or information in this book.

Upon using the information contained in this book, you agree to hold harmless the Author from and against any damages, costs, and expenses, including any legal fees potentially resulting from the application of any of the information provided by this guide. This disclaimer applies to any damages or injury caused by the use and application, whether directly or indirectly, of any advice or information presented, whether for breach of contract, tort, negligence, personal injury, criminal intent, or under any other cause of action.

You agree to accept all risks of using the information presented inside this book. You need to consult a professional medical practitioner in order to ensure you are both able and healthy enough to participate in this program.

Table of Contents

Kapitel 1: Meditation für Anfänger 1

Kapitel 2: Mythen, Menschen und Anfängerfehler 3

Kapitel 3: (FAST NUR) REINE THEORIE 18

Kapitel 4: Kurzgeschichte der Meditation 56

Kapitel 5: Die sechs besten Meditationstechniken 64

Kapitel 6: Maximiere deine Lebensqualität 78

Kapitel 7: Ein hektischer Alltag 81

Kapitel 8: Was brauche ich zum Meditieren? 83

Kapitel 9: Die Wirkung von Meditation auf unser Leben (Psychisch/Physisch) 87

Kapitel 10: Wie meditiere ich ? 96

Kapitel 11: Die gewünschte Wirkung durch Meditation auf den Körper 118

Kapitel 12: Profi Ausstattung 125

Kapitel 13: Die 3 besten Meditationstechniken für Zwischendurch 136

Kapitel 14: Was verbindet Meditation und Schamanismus? 145

Kapitel 15: wasser 148

Kapitel 16: Was braucht es zum Meditieren? 153

Kapitel 17: Mit Wut und Pessimismus umgehen 155

Kapitel 18: Üben der Grundlagen der achtsamen Meditation 160

Kapitel 19: Meditationsübungen 172

Kapitel 20: Andere Menschen mit Meditation beeinflussen 174

Kapitel 21: Was mache ich, wenn Kinder vor Meditation haben? 179

Kapitel 22: Eine kleine Anleitung - Meditation erlernen 183

Kapitel 23: Haben Sie heute schon gelacht? .. 188

Kapitel 24: Konzentration und Fokus 192

Kapitel 1: Meditation für Anfänger

Schön dass du dich entschieden hast, mit der Praktik der Meditation zu beginnen. Ich möchte dich gerne auf deinem Weg in die Praxis der Meditation begleiten und dir verschiedene Stellungen der Hilfe anbieten. Du wirst merken, dass es nicht einfach ist und es auch nicht die perfekte und vollendete Art der Meditation gibt.

Meditation ist ein Prozess der entsteht und der sich auch immer wieder in der Zeit des Praktizierens ändert. Du wirst mit der Meditation wachsen und genau so wird auch die Meditation mit dir wachsen. Es gibt in der Praxis verschiedene Stilmittel mit denen du üben kannst und mit denen du den Einstieg in deine Meditationspraxis finden wirst. Aber, das wird nicht das Ergebnis für dich sein. Du wirst immer wieder kleine Dinge ändern und deine Praxis für dich erweitern müssen.

Ich wünsche Dir nun auf diesem Weg ganz viel Kraft und Mut, um das Verborgene zu entdecken und sehen zu können.

Kapitel 2: Mythen, Menschen und Anfängerfehler

In der heutigen Zeit gibt es viele Mythen über die Meditation. Während die Meditation immer mehr Bewusstsein in Unternehmen, Schulen und Universitäten findet, wird dabei ihr Ursprung vergessen. Denn die Meditation stammt aus dem Yoga und wird bereits seit über vielen tausenden von Jahren von fernöstlichen Kulturen praktiziert. Genau dies nehmen immer mehr berühmte Persönlichkeiten zum Anlass, um die Meditation auch in ihr Leben zu integrieren.
In diesem Kapitel wollen wir uns nicht nur 10 erfolgreiche Menschen anschauen, die regelmäßig meditieren. Auch gehen wir den Mythen und Anfängerfehlern auf den Grund. Ich zeige dir, wie auch du mehr Ruhe und Erfolg durch Meditation in dein Leben bringen kannst.
10 erfolgreiche Menschen, die regelmäßig meditieren

Die folgenden zehn Menschen gehören zu den berühmten Beispielen, die ein regelmäßiges Meditieren praktizieren. Diese Personen haben nicht nur begriffen, wie positiv sich das Meditieren auf ihren Geist auswirkt und diesen bei stark auftretendem Stress zur Ruhe bringen kann. Auch zeigen diese Persönlichkeiten, dass die Meditation eine Quelle der Kreativität und Leistungsschöpfung sein kann.

1. Steve Jobs

Der Apple-Mitbegründer Steve Jobs hatte ein großes Interesse an Yoga und Meditation und reiste bis nach Indien, um seiner Intuition auf den Grund zu gehen. Er erkannte schnell, dass es etwas in ihm gab, das von innen auf die Welt blickte. Die Meditation gab ihm die Kraft und Energie für seinen großen Erfolg mit dem Unternehmen Apple.

Quelle: https://wiki.yoga-vidya.de/Yoga_Prominente#Mit_Yoga_und_Meditation_zum_Super-Bowl-Triumph

2. Clint Eastwood
Der Filmproduzent Clint Eastwood verfolgte die Praxis der Transzendentalen Meditation. Diese hat er bereits seit über 40 Jahre in sein Leben integriert und schöpft hieraus seine Kreativität. Darüber hinaus komme er so zur Ruhe und könne den alltäglichen Stress abbauen, den seine Berufung mit sich bringt.
Quelle: https://risus.pro/berhmte-menschen-die-meditieren/

3. Bill Ford
Bill Ford hat als Vorsitzender der Ford Motor Company seinen Erfolg unter anderem der Meditation zu verdanken. So findet er täglich seine Ruhe in stillen Meditationen. Auch in schwierigen Zeitabschnitten seines Lebens kann er durch die Meditation und Achtsamkeit zu den richtigen Entscheidungen finden.
Quelle: https://www.entrepreneur.com/article/310870

4. Nicole Kidman

Auch Schauspielerin und Sängerin Nicole Kidman mag es zu meditieren. Bereits mit Anfang 20 begann sie damit, die Transzendentale Meditation in ihr Leben aufzunehmen und die Vorteile von Ruhe und Fokus kennenzulernen. Sie versucht, die Meditation jeden Tag aufrechtzuerhalten und meditiert zwischen 20-30 Minuten täglich.
Quelle: https://risus.pro/berhmte-menschen-die-meditieren/

5. Sting

Auch Musiker Sting gehört zu den berühmten Persönlichkeiten, die für sich einen spirituellen Weg gefunden haben. So praktiziert er regelmäßig Yoga und Meditation, damit er seine täglichen Aufgaben erledigen und mit mehr Energie durch den Tag gehen kann. Dabei geht es ihm vor allem um die enge Verbindung zwischen Körper und Geist.
Quelle: https://wiki.yoga-vidya.de/Sting#Meditation

6. Giselle Bündchen

Giselle Bündchen hat ebenfalls viele Vorteile von Yoga und Meditation finden können. Besonders im Laufe ihrer Karriere als Model und als Mutter kann sie durch die regelmäßige Praxis viel Ruhe und Kraft tanken.
Quelle: http://zeitzulieben.ru/tutorials/gute-ratschlge/8159-surprising-prominenten-die-meditieren.html

7. Gwyneth Paltrow

Die Schauspielerin Gwyneth Paltrow holt sich ihre Ruhe und Energie ebenfalls aus der spirituellen Praxis. Dazu gehört unter anderem die regelmäßige Mediation, um den Verstand zu beruhigen und gelassener durch das Leben gehen zu können.
Quelle: http://zeitzulieben.ru/tutorials/gute-ratschlge/8159-surprising-prominenten-die-meditieren.html

8. Arnold Schwarzenegger

Kaum zu glauben, aber wahr! Auch der Terminator und Ex-Gouverneur von Kalifornien setzt sich regelmäßig zum Meditieren auf den Boden. Besonders die

Transzendentale Meditation habe es ihm angetan, um mehr Ruhe in Körper, Geist und Seele zu bringen.
Quelle: https://www.businessinsider.com/arnold-schwarzenegger-transcendental-meditation-2015-2

9. Tom Hanks

Auch Tom Hanks schöpft aus der Transzendentalen Meditation neue Energie. So kann die Meditation ihm zufolge in Momenten von Erschöpfung wirken und ihm neue Energie von innen hinaus schenken.
Quelle: https://meditation.de/warum-tom-hanks-mit-transzendentaler-meditation-begann/

10. Jeff Weiner (CEO LinkedIn)

Der CEO des bekannten Online Netzwerks LinkedIn gehört ebenfalls zu den erfolgreichen Personen, die sich um den Wohlstand von Körper, Geist und Seele kümmern. So meditiert er täglich mithilfe einer App (Headspace) und empfiehlt diese App auch regelmäßig an Mitarbeiter, Kollegen und Geschäftspartner weiter.

Quelle: https://www.entrepreneur.com/article/310870

Die Top 5 Mythen über die Meditation

Die Meditation hat sich in den letzten 40 Jahren auch in das Leben vieler Menschen in der westlichen Welt eingeschlichen. So wird die Meditation von Ärzten empfohlen und auch in Unternehmen wird die Meditation immer beliebter. Doch gibt es hier viele Mythen und Gerüchte, denen ich nun mit dir auf den Grund gehen möchte.

Die Mythen entstehen unter anderem dadurch, dass der westliche Verstand mit allen Methoden versucht, der fernöstlichen Tradition auf den Grund zu gehen und für sich Erklärungen finden möchte. So viele Erklärungen unser Verstand auch finden mag, so finden wir mit der Meditation eine uralte Tradition. Schauen wir uns nun an, welche Mythen es gibt, die du noch immer für die Wahrheit hältst.

Mythos #1: Meditation isoliert dich von anderen Menschen

Viele Menschen haben Angst davor, dass sie sich von ihren Mitmenschen entfernen können, wenn sie meditieren. Studien bestätigen hingegen, dass bestimmte Meditationsarten genau das Gegenteil dessen zeigen und die Meditierenden sich mit ihren Mitmenschen enger verbunden fühlen. Darüber steigt das positive Gefühl gegenüber den Mitmenschen und selbst für unbekannte Personen können wir mehr Mitgefühl entgegenbringen.
Quelle: https://www.ncbi.nlm.nih.gov/pubmed/18837623

Mythos #2: Meditation macht dich zu einem gefühlskalten Menschen

Genau das Gegenteil ist der Fall. Denn Studien belegen, dass die Meditation unser Mitgefühl für Mitmenschen und andere Lebenswesen auf dieser Welt stärken kann. Darüber hinaus steigt unser Einfühlungsvermögen. Dies liegt besonders daran, dass wir in der Meditation lernen, unsere Gefühle und Gedanken besser zu verstehen.
Quelle:

https://www.ncbi.nlm.nih.gov/pmc/articles/PMC4284997/

Mythos #3: Mit Meditation habe ich weniger Zeit für andere Sachen

Natürlich brauchen wir für das tägliche Meditieren eine gewisse Zeit. Diese Zeit müssen wir uns täglich frei räumen, wenn wir es wirklich ernst meinen. Dabei verlieren wir jedoch keine Zeit, wie so viele Stimmen behaupten. Denn durch das Meditieren können wir unseren Blick auf das Wesentliche fokussieren und damit schneller zum Ergebnis kommen. Wir haben somit mehr Zeit für unsere täglichen Aufgaben und können den Stresslevel sinken. Darüber hinaus reichen anfangs schon alleine 5 Minuten täglich für die Meditation!

Quelle: https://www.ncbi.nlm.nih.gov/pmc/articles/PMC5627978/

Mythos #4: Meditation ist eine Flucht vor Problemen

In der Meditation geht es darum, unsere Gedanken von einer anderen Perspektive aus zu betrachten. Anstatt weiterhin

negativ auf die Dinge zu schauen, richten wir ein helles Licht auf unsere Gedanken und Emotionen. Auf diese Weise können wir unsere alltäglichen Probleme besser angehen und bewältigen. Wir nehmen die Dinge bewusster wahr und können uns besser auf einen Lösungsweg fokussieren.
Quelle: https://www.ncbi.nlm.nih.gov/pubmed/26168376

Mythos #5: Meditieren macht schläfrig

Das Meditieren bringt mit sich, dass du entspannter und gelassener im Leben bist. Das wiederum bedeutet aber nicht, dass du müde durch deinen Tag gehst. Ganz im Gegenteil: Studien haben bewiesen, dass wir mehr Energie gewinnen und unser Bewusstsein wecken. Dies liege vor allem an den Gehirnwellen, die mit der Meditation stimuliert werden.
Quelle: https://www.findyournose.com/studie-meditation-macht-extrem-wach-bewusst

7 Typische Anfängerfehler Beim Meditieren

Damit du direkt durchstarten kannst mit deiner Meditation, solltest du die folgenden 7 klassischen Anfängerfehler möglichst vermeiden. Dabei handelt es sich vor allem um die innere Einstellung, mit der wir das Meditieren angehen. Entscheidend ist hier, sich stets über die eigenen Gedanken klar zu werden und diese als fremde Objekte zu betrachten. Auf diese Weise kannst du noch leichter in das Meditieren starten.

Hier die klassischen Anfängerfehler zusammengefasst:

- Fehler #1: Du erwartest zu viel

Geh das Meditieren nicht mit zu großen Erwartungen an. Das bedeutet: Erwarte nicht, dass du deinen Geist direkt zur Ruhe bringen kannst und deine Gedanken von jetzt auf gleich verschwinden. Stattdessen solltest du dich in Geduld üben und ohne Erwartungen in das Meditieren hineingehen.

- Fehler #2: Du meditierst unregelmäßig

Du hast es heute besonders eilig oder bist zu müde, um dich noch für fünf Minuten hinzusetzen? Anstatt das Meditieren ausfallen zu lassen, solltest du dich auch dann auf das Meditationskissen setzen, wenn du dich nicht danach fühlst oder keine Zeit hast. Du wirst sehen: Eine Meditation von fünf Minuten passt immer in den Tag hinein!

• Fehler #3: Dir fehlt die Entschlossenheit

Es gibt viele Personen, die mit der Meditation beginnen, es jedoch nach kurzer Zeit wieder sein lassen. Das liegt vor allem daran, dass sie nicht diszipliniert genug an die ganze Sache herangehen. Anstatt dich direkt nach der ersten Meditation gegen die Meditation zu entscheiden, solltest du die Meditationszeit fest in deinen Terminkalender einplanen und nichts dazwischenkommen lassen – auch keine Zweifel!

• Fehler #4: Ständiges Kritisieren

Du kritisierst dich ständig während des Meditierens? Dann lass deine Gedanken los und einfach mal an dir vorbeiziehen. Dazu gehören auch deine ständigen

Kritiken. Anstatt dich ständig über dich selbst zu beschweren und darüber, dass das Meditieren am Anfang nicht funktioniert, solltest du es mit Geduld versuchen. Du wirst sehen, dass dann auch das Kritisieren von ganz alleine wegfallen wird.

- Fehler #5: Zu viel Social Media

Ja, auch die sozialen Netzwerke können uns vom Meditieren ablenken. Das gilt insbesondere dann, wenn du dich ständig mit anderen Personen vergleichst. Du bist nicht wie die anderen und das ist ein wichtiges Detail, das du zu verstehen hast. Lass dich nicht von den Social Media Netzwerken von deinem Entschluss zu meditieren ablenken und gehe das Ganze locker und geschmeidig an!

- Fehler #6: Ständiges Zweifeln an dir selbst

Du gehörst zu den Personen, die ständig an sich selbst zweifeln? Dann lass los von den Zweifeln! Akzeptiere alles so, wie es ist und sorge damit dafür, dass keine Zweifel mehr auftauchen können. Du wirst sehen, dass du langfristig zu mehr

Selbstbewusstsein kommst und die Zweifel von ganz alleine verschwinden werden.

- Fehler #7: Zu viel Ehrgeiz

Wer am Anfang der Meditation zu ehrgeizig ist, kann sich damit selbst eine Falle stellen. Denn häufig ist es so, dass wir mit zu viel Ehrgeiz über unser Ziel hinausschießen. Anstatt also ruhig auf dem Meditationskissen sitzen zu können, sind wir mit unseren Gedanken ständig woanders. Stattdessen kannst du von all dem loslassen. Denn in der Meditation geht es vor allem um eins: Loslassen.

Wie du siehst, finden all diese Anfängerfehler ihren Ursprung in unseren Gedanken. Indem du von alten Denkmustern loslässt, kannst du dich auch etwas Neuem stellen. Möchtest du hierzu eine kleine Übung haben, kannst du einen Blick in das letzte Kapitel werfen, wo dich eine geführte Meditation bei alten Gewohnheiten und Denkmustern erwartet!

Zusammenfassung von Kapitel 2

- Mache es wie Arnold Schwarzenegger und viele andere

erfolgreiche Stars und hole dir die Kraft für den Erfolg aus der Meditation!

- Durch die Meditation stärkst du deinen Fokus und wirst einfühlsamer.
- Lasse dich nicht vom Meditieren ablenken und glaube nicht alles, was man dir sagt.
- Bleibe konsequent und erwarte nicht zu viel.
- Je regelmäßiger du meditierst, umso fokussierter kannst du werden.

Kapitel 3: (FAST NUR) REINE THEORIE

1.
Eine kleine Einstimmung

Stellen Sie sich mitten in einem Zimmer, vielleicht Ihrem Wohnzimmer, kerzengerade, aber locker, hin, die Arme an den Körper angelegt, die Beine ein klein wenig gespreizt, die Füße einigermaßen parallel zueinander, die Knie leicht nach vorne gedrückt. Heben Sie den rechten Arm hoch, ganz ausgestreckt, mit ausgestreckter Hand. Heben Sie den Arm ganz langsam und denken Sie dabei: Ich hebe meinen rechten Arm hoch. Bleiben Sie so, mit ungefähr auf Höhe Ihrer Nase angekommener Hand, einige Sekunden stehen. Senken Sie den Arm langsam, bis er wieder am Körper anliegt. Denken Sie dabei: Ich senke meinen rechten Arm. Gönnen Sie sich einige Sekunden des Nichtstuns. Nun heben Sie den linken Arm, ausgestreckt und mit ausgestreckter linker

Hand, hoch bis auf Höhe der Nasenspitze, und denken Sie dabei: Ich hebe meinen linken Arm. Bleiben Sie wieder einige Sekunden möglichst reglos stehen. Dann senken Sie Ihren Arm und denken dabei: Ich senke meinen linken Arm. Ruhen Sie ein wenig, stehen Sie locker, aber fest. Als nächstes sind die Beine dran. Heben Sie das rechte Bein, so weit ausgestreckt wie möglich, so weit hoch, wie Sie können. Um das Gleichgewicht nicht zu verlieren, werden Sie Ihre beiden Arme ein wenig schräg nach vorne und zur Seite anheben müssen. Sie werden feststellen, dass es zunächst nicht einfach ist, in dieser Haltung zu stehen, dass es aber geht. Sie brauchen sicher einige Sekunden, aber dann sind Sie perfekt im Gleichgewicht. Geben Sie sich ein bisschen Mühe! Sie können Ihr Bein bestimmt noch etwas weiter durchdrücken und auf diese Weise strecken, und Sie können es auch bestimmt noch etwas höher heben. Sie spüren, wie Ihr ganzes Körpergewicht sich in Ihrem linken Oberschenkel sammelt, und wie Ihr ganzes linkes Bein zu einer

Säule erstarrt. Übertreiben Sie es aber nicht. Einige Sekunden genügen. Im nächsten Schritt senken Sie Ihr rechtes Bein und - richtig! - denken dabei: Ich senke mein rechtes Bein. Nächster Schritt - Überraschung! -: Sie heben Ihr linkes Bein möglichst weit ausgestreckt hoch. Na, noch ein bisschen höher, okay? Verweilen Sie auch jetzt wieder ein kleines Weilchen, spüren Sie, wie Ihr rechtes Bein zur Säule wird, die Sie trägt, dann lassen Sie Ihr linkes Bein sinken und denken dabei: Ich senke mein linkes Bein. Diese Übungen kommen Ihnen albern vor? Keine Bange, es wird noch alberner: Drehen Sie, ohne etwas anderes zu tun, Ihren Kopf nach rechts, und denken Sie dabei: Ich drehe meinen Kopf nach rechts. Drehen Sie zurück, bis sie wieder geradeaus schauen. Halten Sie kurz inne, drehen Sie dann den Kopf nach links, und denken Sie dabei: Ich drehe meinen Kopf nach links. Und wieder zurück in die Mitte. Jetzt heben Sie Ihren Kopf etwas an, aber nicht zu sehr. Der Hals sollte nie nach hinten überstreckt oder überdehnt werden. Denken Sie dabei: Ich

hebe meinen Kopf. Senken Sie Ihren Kopf nach unten, bis Ihr Kinn annähernd auf dem Brustbein zu liegen kommt, und denken Sie: Ich senke meinen Kopf. Machen Sie alle Bewegungen langsam!
So, gestanden haben Sie jetzt lange genug. Gehen wir einen Schritt weiter. Ja, gehen wir! Machen Sie langsam erst mit dem rechten Bein einen Schritt, nicht zu groß, wir wollen ja keinen Marathonlauf absolvieren. Setzen sie sorgsam den Fuß von der Ferse her nach vorne abrollend auf den Boden auf. Denken Sie: Ich gehe mit meinem rechten Bein. Machen Sie einen Schritt mit dem linken Bein, setzen Sie auch hier den Fuß sorgsam von der Ferse her nach vorne abrollend auf, und denken Sie: Ich gehe mit meinem linken Bein. Ihr Zimmer ist zu klein? Bleiben Sie vor einem Hindernis stehen. Drehen Sie sich langsam um, und denken Sie: Ich drehe mich um. Gehen Sie in die andere Richtung, so weit es eben geht. Sind es drei Schritte, ist es gut. Sind es zehn, ist es genauso gut. Strengen Sie sich nicht irgendwie an, außer es geht,

beispielsweise beim Heben der Beine, nicht anders. Wir betreiben hier keinen Sport. Gehen Sie zu einem Fenster, das Sie sicher haben, und schauen Sie hinaus. Denken Sie: Ich sehe aus dem Fenster. Ich höre draußen Geräusche. Ich höre, wie sich die Türen am Autobus öffnen und wieder schließen. Ich höre, wie der Bus anfährt. Je nachdem, wie Sie 'drauf' sind, haben Sie nach dieser einstimmenden Meditation vielleicht bereits ein etwas anderes Bewusstsein als sonst für die Dinge, die sich Ihren Augen und Ohren darbieten, sei es für die Hauswand gegenüber, sei es für einen Vogel auf einem Fensterbrett in dieser Häuserwand oder auf einem Baum, oder für was auch immer. Meditation? Ganz richtig: Sie haben soeben Ihre erste Medidation hinter sich. Sie dürfen sich gerne weitere einfache Körperbewegungen ausdenken. Sie könnten sich einmal im Kreis drehen, vielleicht einmal in die eine, dann in die andere Richtung. Aber bitte keine Verrenkungen und keine schnellen Bewegungen! Wiegen Sie den Oberkörper hin und her, langsam natürlich. Wiegen Sie ihn ein wenig vor und zurück. Was immer Ihnen einfällt: Tun Sie es gemächlich, und begleiten Sie jede Bewegung mit einem entsprechenden Gedanken. Wenn Sie diese permanent und geradezu penetrant wiederholten Aufforderungen, Ihre Bewegungen mit-zudenken, lästig finden sollten - lassen Sie sich nicht beirren. Sie haben ihren Grund. Wie gesagt: Mit Sport haben Sie es hier nicht zu tun. Ein Sportler, der regelmäßig meditiert, hat, wie inzwischen schon lange bekannt ist, gute Chancen, dadurch seine sportlichen Leistungen zu verbessern, aber gewissermaßen auf Umwegen. Meditation ist Training für den Kopf, nicht für den Körper. Meditation ist Training für die Psyche, nicht für die Physis, wenngleich eine verbesserte mentale Einstellung auch eindeutig positive Auswirkungen auf den physischen Körper hat.

Die Anweisung zu 'denken' hat einen einfachen Grund: Sie ruft Ihr Bewusstsein auf den Plan. Zu diesem Stichwort kommen wir später noch ausführlich. Im

Alltag bewegen wir alle uns zumeist unbewusst und werden sogar mehr bewegt, als dass wir uns selbst bewegen. Wenn Sie dem gezielt entgegenwirken, werden Sie schon bald spüren, wie Ihr Wohlbefinden zunimmt und sich gleichzeitig Ihre innere Unruhe, das Gefühl, gestresst zu sein, reduziert. Eine gewisse Menge Stress ist gut und fördert die Leistungsfähigkeit. Ein Zuviel davon - und mit diesem Zuviel plagen wir uns bekanntlich fast alle herum - ist schädlich und kann sogar ernsthafte psychische Erkrankungen auslösen. Mit dieser Übung hier bringen Sie Ihren Geist, Ihr Denken und Ihren Körper ein Stück weit in Übereinstimmung. Sie koordinieren Ihr Denken mit Ihren Bewegungen. Wenn Sie diese Übungen anfangs jeden Tag wiederholen, kann Ihr Körper nicht mehr einfach unkontrolliert machen, was er will. Upps! Bei einer späteren Gelegenheit werden Sie lernen, gezielt nicht zu denken...
Machen wir zusammen noch eine andere kleine Übung zum Schluss? Stellen Sie sich

wie anfangs locker, aber konzentriert, gerade hin, beugen Sie sich lässig und mit hängenden Armen in Richtung Boden. Nicht übertreiben. Wer krampfhaft versucht, mit den Handflächen auf dem Boden aufzusetzen, schadet ernsthaft seiner Wirbelsäule. Allenfalls berühren Sie den Boden mit den Fingerspitzen, wenn überhaupt. Jetzt heben Sie Ihren ganzen Körper und gleichzeitig beide Arme, bringen sich in die Senkrechte zurück, strecken sich und breiten beide Arme seitlich nach oben aus, wobei Sie Ihren Körper ein wenig nach rückwärts verlagern, so als wollten Sie sich an eine Stange klammern, die ein gutes Stück weit über Ihnen waagrecht im Raum angebracht ist, eine Reckstange beispielsweise. Dieses Arme-Heben und -Ausbreiten darf diesmal ruhig ein wenig zackig gehen. Ganz automatisch machen Sie dabei einen tiefen Atemzug. Ihren so eingezogenen Atem halten Sie, mit weit ausgebreiteten Armen, eine Zeit lang an, so lange, wie Sie können, ohne etwas zu erzwingen. Schließlich lassen Sie den Atem möglichst langsam und gerne deutlich hörbar mit leicht geöffneten Lippen aus Ihrem Körper entweichen. Dabei lassen Sie Ihre Arme langsam sinken, bis sie wieder am Körper anliegen. Schon haben Sie wieder eine wichtige Lektion gelernt, ohne sich anzustrengen. Auf das Thema Atem kommen wir später in einem eigenen Kapitel zurück, denn das ist 'das' zentrale Kapitel überhaupt. Etwas vereinfacht und verkürzt ausgedrückt, ist Medidation letztlich genau das: richtig atmen. Nebenbei bemerkt, haben Sie bei diesen beiden kleinen Übungen zwei wichtige Gegensätze kennen gelernt, die für die Meditation insgesamt eine Rolle spielen: Langsam hier und zackig bei Bedarf dort.

2.
Wer braucht Meditation?

Einfache Antwort: niemand. Wir können problemlos aufs Meditieren verzichten. Unsere lebenserhaltenden Körperfunktionen gehen deswegen unangefochten weiter wie bisher. Die Dinge um uns herum nehmen ihren gewohnten Lauf. Die Erde dreht sich weiter um die Sonne, Zug und Bus fahren pünktlich nach Fahrplan (na ja, im besten Fall). Wir wachen morgens auf, frühstücken, gehen oder fahren zur Arbeit, kommen am Abend mehr oder weniger gebeutelt nach Hause und werfen uns, nach vielleicht noch einigen anderen Verrichtungen, müde auf die Matratze und schlafen, bis am nächsten Morgen wieder alles von vorne losgeht. Meditation? Überflüssig.

Soweit die Realität, der wir uns jeden Tag zu stellen haben. Jeden Tag die immer wieder gleiche Mühle. Das aber ist eben der Knackpunkt. Notwendig ist Meditation für unser Leben und Überleben nicht. Die meisten Menschen kommen ganz gut ohne aus, und viele betrachten diese mysteriöse Praxis sogar als etwas Exotisches, Esoterisches, also etwas, was nur Menschen tun, die 'ein Rad abhaben'.

So jedenfalls eine selbst heute noch weit verbreitete Anschauung. Wenn dann auch noch von ganz und gar 'abgefahrenen' Dingen die Rede ist, sei es von Tantrismus,

Schamanismus, Neuheidentum oder was auch immer, dann wird es ganz schnell 'kriminell' in dem Sinn, dass ahnungslose Beobachter leicht zu dem Schluss kommen: Alles gaga, oder was?!

Zu kurz gesprungen! Solche Menschen sind wie Schläfer, die mit geschlossenen Augen durchs Leben gehen, oder wenigstens mit sehr, sehr eng gestellten Scheuklappen wie Kutschergäule früherer Zeiten. Diese Menschen beschäftigen sich, obwohl äußerlich eigentlich nur mit sich beschäftigt, in Wirklichkeit gar nicht mit sich selbst. Sie jammern, dass es ihnen schlecht geht, dass der Chef ein Idiot ist, dass die Manager im Betrieb falsche Entscheidungen treffen und nicht funktionierende Strukturen aufbauen; dass die Familie nervt und der rotznäsige Dreijährige eigentlich 'mal eine ordentliche Watschen bekommen müsste (okay, so etwas haben wir uns inzwischen selbstverständlich abgewöhnt); dass die Politiker nur nocht Quatsch produzieren und vom Leben der Menschen, die sie erstaunlicherweise einmal gewählt haben,

keine Ahnung haben und sich auch gar nicht wirklich für sie interessieren, sondern nur noch dafür, wiedergewählt zu werden und ihre Pfründe nicht zu verlieren. Und, und und.
Das Bild vom Hamsterrad ist hinreichend bekannt. Mancher merkt es auch und stellt sich dann mindestens gelegentlich die Frage: Kann es das sein? Wollte ich so leben? Oft bleibt dann nur ein ermatteter Seufzer zurück. Zwei, drei Wochen Urlaub im Jahr, um uns wirklich zu erholen, sind nicht genug. Nicht, dass wir mehr Urlaub bräuchten - nein, wir bräuchten mehr lebenswertes Leben! Nur auf die Idee, dass einer sein Leben abseits aller anscheinend unentrinnbaren Zwänge eben doch selbst gestalten könnte, kommt er nicht so ohne Weiteres. Dazu sind wir zu sehr in der Tretmühle eingespannt. Es gibt aber doch viele, sehr viele Menschen, die merken, dass etwas in ihrem Leben schiefläuft. Esoterische Bewegungen und mit ihnen unterschiedlichste Meditationstechniken (mit einigen von ihnen im geschichtlichen Überblick

machen wir Sie gegen Ende dieses Buches bekannt) finden immer stärkeren Zulauf, wobei es schwerfällt, die eine oder andere zu bevorzugen oder abzulehnen. Wir werden Sie im Folgenden nicht auf irgend eine Richtung oder Schule einschwören, sondern Ihnen statt dessen eine möglichst breit gefächerte Auswahl anbieten, wobei wir zwei davon durchaus in den Mittelpunkt stellen, die eine, weil sie seit Jahrhunderten bewährt ist, die andere, weil sie etwas (so unser persönlicher Eindruck) besonders Liebenswertes an sich hat. Auswählen müssen Sie selbst. So wie Sie selbst darüber entscheiden, was für ein Auto Sie kaufen und fahren möchten (oder ob sie überhaupt eines brauchen), so können, dürfen, müssen Sie selbst darüber entscheiden, ob und wenn ja, womit Sie Ihr mentales Leben künftig gestalten möchten. Nur eines sei empfohlen: Wenn Sie sich für ein 'Fahrzeug' für Ihren weiteren Lebensweg entschieden haben - wechseln Sie es nach Möglichkeit nicht. Dieser Hinweis stammt von Daisetz Taitaro Suzuki (etwa Anfang bis Mitte des 20.

Jahrhunderts), der bis heute im Vergleich zu manchen selbsternannten Koryphäen ein außerordentlich hohes Ansehen genießt.

Ein wenig seltsam erscheint, dass sich Meditation bis heute immer noch nicht wirklich in unserem (speziell in unserem westlichen) Alltag als selbstverständlich durchgesetzt hat, wenngleich sich ihr immer mehr Menschen wenigstens vorübergehend interessiert zuwenden. Viele Meditationstechniken und -schulen sind Jahrhunderte, einige sogar Jahrtausende alt. In der breiten Masse sind sie trotzdem noch immer nicht so richtig angekommen, obwohl Anhänger verschiedener Religionen sie beständig ausüben (sie kommen nun einmal aus dem religiösen Kontext). Es ist wohl so, dass manche im Lauf der Zeit zu selbstverständlich geworden sind und damit sinnentleert. Wo nur noch Ritual ist, dort ist keine Religion mehr (dieses Buch hat keine religiösen Absichten, wir werden aber nicht umhin kommen, das Thema Religion ab und an zu streifen), keine

Inbrunst, kein Sinn mehr in irgend einer erfassbaren Form. Wer meditiert, weil 'man' es halt tut - der soll es lieber lassen. Zu allen Heiligen brauchen wir nicht auch noch eine Heerschar von Scheinheiligen. Andererseits kommt auch Meditation nicht ohne Riten und Formalien aus, denen Sie so weitgehend wie möglich folgen sollten, weil sie über die äußere Form hinaus Inhalte vermitteln und geistige Vorgänge erlebbar machen. Es bleibt aber dabei: Halten Sie an einem Ritual fest nur um des Rituals willen, dann werden Sie kaum Gewinn daraus ziehen. Der Erkenntnis dessen, worum es hier geht, können Sie etwas näher kommen, indem Sie, falls Sie es nicht ohnehin irgendwann einmal getan haben, Hermann Hesses 'Das Glasperlenspiel' lesen. Der Konflikt zwischen Pflicht und Disziplin einerseits und freudigem Erleben andererseits ist darin mustergültig beschrieben, bis heute literarisch nie wieder erreicht.

Wenn Sie daran interessiert sind, etwas in Ihrem Leben zu verändern und ihm einen besseren Sinn, ein tragfähiges Fundament zu geben, dann begeben Sie sich mit uns auf eine Reise, die Sie vielleicht zu Ufern führen wird, von denen Sie nie dachten, sie jemals zu Gesicht zu bekommen, Wellenrauschen und Wind inklusive und auf alle Fälle das 'Donnern in der Stille', wobei wir Ihnen nicht verraten werden, was es mit diesem Donnern in der Stille auf sich hat. Es gibt, speziell im Zen-Buddhismus, aber auch anderswo, Dinge, die einem Lernenden niemals verraten werden, Dinge, die er selbst herausfinden muss. Das hat nichts mit Geheimniskrämerei oder irgend welchen mysteriösen Initiationen etc. zu tun, sondern damit, dass der Mensch bestimmte innere Erfahrungen nur selbst machen kann.

3.
Was ist Meditation überhaupt?

Um zu erklären, was Meditation ist, greifen wir zurück auf die Feststellung, dass niemand Meditation wirklich braucht. Es braucht sie schon deshalb niemand, weil jeder sie von sich aus hat, und zwar in sich drinnen. Ein gutes Stück Meditation ist Teil unseres Wesens. Wir sind uns dessen nur in der Regel nicht bewusst und halten sie in uns gefangen wie ein Zoo einen Löwen, als wäre sie ein bösartiges Raubtier. Meditation ist allen Wesen zu eigen. Das gilt nicht nur für Menschen. Auch Tiere haben Anteil an der meditativen Welt, und selbst Pflanzen können Sie, wenn Sie Ihre Aufmerksamkeit weit genug entwickelt haben, 'meditieren' sehen. Wundern Sie sich nicht, wenn wir hier feststellen, dass selbst ein massiver, scheinbar unbelebter Stein meditiert. Um das zu erkennen, müssen Sie allerdings lernen, sich sehr weit zu öffnen und so etwas wie den oft beschworenen 'sechsten Sinn' zu entwickeln, letztlich nichts anderes als ein waches und gut gepflegtes Bewusstsein, durch das Sie mit allen Lebewesen und allen Dingen in Ihrer Umgebung in Kontakt treten können. Diesen sechsten Sinn, dieses Wahrnehmungsorgan, ein geistiges, kein körperliches, haben Sie in sich; Sie müssen es nur wachsen lassen und regelmäßig gießen wie ein empfindliches Pflänzchen. Ein wenig Dünger braucht es wohl ab und an auch.

Nähern wir uns der Frage, was Meditation ist, auf einfache, sachliche Art. Unter Meditation wird, Schulen, Religionen und Theorien übergreifend, eine rituelle Praxis verstanden, die, sehr vereinfacht ausgedrückt, dazu dient, dem Menschen Ruhe und Frieden zu verschaffen. Noch einfacher lässt es sich sicher nicht ausdrücken, wobei diese einfache Formulierung andererseits beinahe unendlich erweitert werden könnte. Indem ein Mensch zur Ruhe kommt, kommt er zu sich selbst, wobei der Begriff des 'Selbst' später noch einmal unsere ganze Konzentration in Anspruch nehmen wird. Er lässt Störendes fahren und besinnt sich auf sein inneres Wesen. Üblicherweise wird dies durch Konzentrations- und Achtsamkeitsübungen erreicht. Der Begriff der Achtsamkeit spielt in jeglicher Form von Meditation eine entscheidende Rolle. Stellen Sie sich vor, jemand sitzt, zum

Beispiel im Lotussitz, und meditiert. Sie glauben, er sei abgehoben und irgendwo in den Wolken unterwegs? Mitnichten. Gute Meditation schärft das Bewusstsein, die Aufmerksamkeit und letztlich die eigentliche Achtsamkeit enorm. Der Meditierende ist in Wirklichkeit hellwach! Wenn Sie Ihr 'Bewusstsein erweitern' oder Zugang zu irgend welchen mysteriösen Welten bekommen wollen, dann besaufen Sie sich, nehmen Sie LSD oder Speed oder was auch immer. Viel Vergnügen in den Welten, die sich Ihnen dann eventuell öffnen! Mit der einen, in die Sie durch Meditation Zugang finden können, haben sie allesamt nichts zu tun, und keine von ihnen wird Sie so befriedigen, um dieses Wort hier völlig wertneutral zu benutzen, wie diese eine. Es ist die Welt in Ihnen selbst.

Tatsächlich ist es in manchen Religionen wie dem Buddhismus, dem Hinduismus oder Jainismus Ziel der Meditation, Erleuchtung (Satori, Kensho, Moksha) zu erlangen oder ins Nirvana einzutreten und so dem Kreislauf von Leiden und

Wiedergeburt (Reinkarnation) zu entkommen. Das Erwachen (Sanskrit 'bodhi'; daher der Beiname Siddhartha Gautamas, 'Buddha' = 'der Erwachte') wäre ein schönes Ziel. Bei unserem Start in die Meditation geht es zunächst aber um etwas weniger Tiefschürfendes: Weglassen allen Egoismus', der Verzicht darauf, an jeglichem Vergänglichen zu haften, das sind auch ohne Nirvana oder Satori erstrebenswerte Zustände. Wir möchten wegkommen von störenden Sinnesempfindungen wie Schmerz (oder auch Lust!); wir wollen wegkommen von dem unsinnigen Festhalten an zu steinernem Sediment erstarrten Meinungen, die uns der wirklichen Welt um uns herum entfremden, die außerdem, wenn wir näher hinsehen, in Wirklichkeit ganz anders ist als wir meinten; wir wollen wegkommen von dem Sinn-losen Festhalten an überlebten Ritualen und Regeln um dieser Rituale und Regeln selbst willen (siehe oben), und wir wollen oder sollten jedenfalls erreichen, uns von dem fatalen Glauben zu lösen, es gebe eine fest umrissene und greibare Persönlichkeit, die aus sich allein und für sich selbst existieren könnte. Vielleicht vom letzten Punkt abgesehen, haben wir sicher schon alle einmal oder öfter bemerkt, dass uns diese offenkundig falschen Verhaltensweisen in unserem Alltag behindern, ohne dass wir je einen Weg gefunden hätten, daran etwas zu ändern.

Meditation ist der Weg (deshalb werden im Japanischen die Namen für die bekannten Meditationsformen mit dem Wort 'Dao' oder kurz 'Do' für 'Weg' gebildet), und es spielt überhaupt keine Rolle, welchen 'Fahrzeugs' aus welcher Schule Sie sich auf dem von Ihnen eingeschlagenen Weg bedienen möchten. Wenn Sie erst einmal angefangen haben, zu meditieren, werden Sie rasch erkennen, dass Sie sich nach und nach an genau diesen oben genannten Punkten abarbeiten werden, aber auf eine freudvolle, Sinn stiftende Art. Ohne es zuerst zu bemerken, sind Sie dann eben doch letzlich auf dem Weg in Richtung Erleuchtung, oder wie immer Sie es nennen möchten, aber nicht irgendwo in einem fernen Nirvana, in einem jenseitigen Himmel, sondern hier und heute. Jetzt. Leben Sie jetzt! Dazu verhilft Ihnen regelmäßige Meditation.

A propos regelmäßig: Falls Sie eine Meisterin oder ein Meister der Prokrastination sind, also der berühmten lästigen Aufschieberitis, dann sei Ihnen Meditation ganz besonders empfohlen - regelmäßig, wie gesagt. Sie werden sehen, dass Sie mit der Zeit auch aus anderen Bereichen Ihres Lebens die Aufschieberei verscheuchen.

Erinnern Sie sich daran, was ich über den meditierenden Stein gesagt habe? Das war kein Witz! Er sitzt einfach da und tut nichts. Natürlich sehen und hören wir ihn nicht atmen, und natürlich bewegt er sich nicht. Obwohl: Wenn wir ihn über längere Zeit immer wieder besuchen und betrachten, werden wir feststellen, dass er sehrwohl sein Aussehen und vielleicht sogar seine Lage verändert hat. Wir nennen das Verwitterung oder so, wenn es nicht durch äußere mechanische Einflüsse passiert ist. Letztlich erleben wir einfach den Stein im Kreislauf des Seins, und wenn wir schon ein wenig Erfahrung mit dem Meditieren haben, fällt uns vielleicht auf, dass wir selbst uns nach und nach als Teil dieses Kreislaufs des Seins erleben. Wir öffnen uns, denken im besten Fall immer weniger an uns, sondern beobachten die Welt um uns herum: aufmerksam, achtsam, bewusst. Setzen wir uns doch ein wenig hin zu unserem Stein, ihm gegenüber, meditieren wir ein wenig gemeinsam mit ihm. In seiner Ruhe und Abgeklärtheit ist er uns weit voraus.

Sie mögen es etwas weniger statisch? Kein Problem. Auch das mag Ihnen merkwürdig vorkommen, aber in Japan wird ungefähr seit dem 6. Jahrhundert n. Chr. die Kunst des Blumensteckens gepflegt, und auch diese Kunst, als 'Ikebana' bekannt, gilt als meditative Kunst, als Meditation in reinster Form (Ka-do = Weg der Blumen). Wie sollte es freilich anders sein: Auch um diese Form der Meditation haben sich Dutzende von Schulen gebildet, auch sie sind vielfach in Ritualen erstarrt, und doch

haben sie bis heute überdauert. Hunderte von Jahren war eine Ausbildung in Ikebana fester Bestandteil der Ausbildung jedes männlichen japanischen Adeligen. Später wurde diese Ausbildung auch Frauen, nicht nur den Geisha, zuteil. - Anders als noch vor zwanzig, dreißig Jahren, als Ikebana ein typisches populäres Volkshochschul-Thema war, hat die Aufmerksamkeit dafür in Europa seither wieder etwas nachgelassen, aber noch Ende der 1990-er Jahre haben sich erneut einige neue Schulen gebildet. Sicher werden auch sie irgendwann in ihren Formalien ersticken - aber die Blumen, so schön arrangiert, werden weiterleben, in all ihrer Vergänglichkeit, und mit ihnen unsere meditative Hinwendung zu ihnen.
Was also ist Meditation? Es ist das Streben nach Stille, nach Leere, nach Einssein mit uns und anderen im Hier und Jetzt, reines Sein, frei von Gedanken. Dieses Streben nach Leere, dieser Verzicht auf alles Überflüssige, zumal auf überflüssige und schädliche Gedanken, ist gleichzeitig dazu geeignet, uns eine unglaubliche Fülle von

Erfahrungen zu vermitteln, mit einer Intensität, die wir bisher in aller Regel nicht gekannt oder jedenfalls nur selten erlebt haben.

Einfach wird die Reise, auf die Sie sich - hoffentlich! - begeben wollen, nicht. Meditieren ist kein Trallala nach dem Motto: ach, ich setz' mich mal ein Viertelstündchen auf die Matte... Erstens: Sie müssen schon wirklich wollen, was Sie da anfangen, und Sie müssen, so schwer es Ihnen fallen mag, Ihren inneren Schweinehund dazu bringen, den einmal betretenen Weg regelmäßig weiterzugehen. Step by step; Die Richtung ist weitgehend egal. Der Weg ist das Ziel. Sonst können Sie es gleich sein lassen. Auch wenn es anfangs schwerfällt: Zum Meditieren gehört ein gerüttelt Maß an Disziplin dazu. Die werden Sie aber automatisch lernen, wenn Sie dranbleiben, ohne sich irgendwann noch zwingen zu müssen.

Zweitens: Sie müssen bereit sein, sich auf unerwartete Erfahrungen einzulassen, mit denen Sie im Vorhinein nicht gerechnet haben. Beim Meditieren kann es Ihnen passieren, dass Sie es mit Ungeheuern aller Art zu tun bekommen, womöglich sogar mit Drachen oder Löwen (dazu später mehr). Keine Angst, das schaffen Sie schon, selbst als AnfängerIn. Selbst St. Georg hatte nur eine Lanze zur Verfügung und siegte doch! Wenn Sie, um bei diesem Beispiel zu bleiben, erst einmal eine größere Zahl Löwen erlegt haben, werden Sie sogar ein wenig stolz auf sich sein, und das dürfen Sie dann auch, wenngleich Stolz eigentlich nicht zu den Eigenschaften gehört, die wir beim Meditieren entwickeln wollen. Sprechen wir besser von einem warmen Glücksgefühl oder von einer uns sanft durchziehenden Zufriedenheit.

Sie sollten sich dabei vor allem für den Anfang nichts Großes vornehmen. Machen Sie zu Beginn lieber kleine Schritte als große. Fangen Sie mit so simplen Dingen an wie den ganz oben beschriebenen Mini-Übungen. Wenn Sie zu ehrgeizig rangehen, werden Sie ziemlich bald ins Stolpern kommen und unweigerlich wieder aufhören, und das wäre sehr, sehr schade. Mit der Meditation haben Sie einen Weg, aus Ihrem Alltagstrott herauszukommen. Nicht dass das eine Flucht wäre, im Gegenteil. Sie stoßen nur alles, was Sie nicht brauchen können, was Sie belästigt oder bedrückt, ab, wie eine Schlange ihre zu eng gewordene Haut abstößt. Indem Sie beginnen, sich ganz langsam Ihren von Ihnen selbst aufgestellten Regeln zu unterwerfen, werden Sie spüren, wie Sie dadurch nicht in ein Korsett eingeschnürt werden, sondern statt dessen frei werden von jeglicher Last, die Sie bisher in Ihrem Alltag mit sich herumgeschleppt haben. Noch einmal: Machen Sie erst einmal nur kleine Schritte. Das ist das Prinzip der Lagsamkeit. Aber: Machen Sie diese Schritte! Bleiben Sie nicht stehen, sondern setzten Sie unbeirrt Ihren Weg fort, auch wenn Ihnen anfangs so gar keine Fortschritte auffallen wollen. Wie schon gesagt: Meditation ist kein Leistungssport, sie ist ein innerer Prozess, eine Blüte, die ganz nach und nach aufblüht, wie ein Schneeglöckchen, das vorsichtig sein

kleines Köpfchen aus dem letzten Schnee heraushebt und sich umsieht: Ah! Das ist ja wunderbar, diese schöne neue Welt!
"Wo das Problem wirklich liegt!
Etwas anfangen und damit erfolgreich sein, ist nicht sehr schwer. Schwer ist es, mit etwas aufzuhören und damit erfolgreich sein." (aus einer anonymen Sammlung)
Das ist es, was Sie durch Meditation lernen können: loslassen, aufhören, zum Beispiel mit schlechten Angewohnheiten. Wir kommen darauf im Kapitel 'Medizinische Wirkungen von Meditation' zurück. Sicher haben Sie in der Verangenheit schon in dem einen oder anderen Band über Meditation geblättert oder Artikel darüber gelesen usw. Dabei wird Ihnen aufgefallen sein, dass es eine kaum überschaubare Anzahl von Meditationsformen gibt, häufig sogar innerhalb ein und der selben Schule. Ist es wichtig, zu sitzen? Kann man auch stehend meditieren? Oder gehend? Wie wär's im Liegen? Alles kein Problem. Alles geht! Sie können sogar einen Kopfstand machen und meditieren. Das geht dann

allerdings mehr in den Bereich des Yoga. In den nachfolgenden Kapiteln werden Sie über alles das mehr erfahren.

Eine Randbemerkung: Wie bei vielen Dingen, so gibt es auch im Bereich der Meditation immer wieder einmal Widersprüche. Von Osho, einem zu seinen Lebzeiten vor allem in den USA bekannten Guru, gibt es eine kurze Video-Anleitung zum Einstieg in die Meditation, ähnlich der in diesem Buch hier am Anfang gegebenen, nur genau umgekehrt. In vier Phasen lässt er seine SchülerInnen jeweils fünfzehn Minuten lang zuerst auf der Stelle laufen, nach und nach immer schneller, dann den Körper im Sitzen kreisen lassen, schließlich im Liegen die Augen immer schneller rollen und endlich mit geschlossenen Augen unbewegt liegen. Seine Begründung war, dass dadurch bestimmte Energien an bestimmte Körperzentren geleitet werden sollen. Das mag so sein oder auch nicht. Die meisten anderen Lehrer empfehlen, längere Zeit vor dem Meditieren keinen Sport zu treiben und den Körper nicht durch irgend welche Anstrengungen aufzuputschen. Die Begründung in diesem Fall: Sonst kommt der Körper nicht zu der Ruhe, die er ja, ebenso wie der Geist, finden soll. Wir überlassen die Entscheidung Ihnen, neigen aber selbst zu dem Motto: Probier's mal mit Gemütlichkeit, mit Ruhe und Gemütlichkeit...

4.
Lehrer und Schüler - Lerne von dir selbst!

Womit wir bei einem der schwierigsten Kapitel, gerade für AnfängerInnen sind: Braucht man einen Lehrer, oder kann man Meditieren selbst lernen? An dieser Frage scheiden sich seit Hunderten von Jahren die Geister. Manche sagen: Ohne Anweisung eines Lehrers klappt das nie und kann - aus medizinischen ebenso wie aus psychologischen Gründen - sogar gefährlich sein. Weiß denn die oder der Lernende, ob er das, was er da macht, auch wirklich 'richtig' macht? Richtig sitzen, richtig atmen - sollte das nicht ein Lehrer kontrollieren und gegebenenfalls korrigieren? Diese rein oberflächlichen körperlichen Dinge sind aber das kleinere Problem. Wer sich auf die Matte begibt und sich in seinen Gedanken verheddert, könnte sich ja, so die Befürchtung, selbst einen psychischen Schaden beibringen, indem er völlig andere Dinge 'denkt' als sie oder er sollte. Dagegen gibt es zwei einfache Einwände: Erstens soll der Meditierende ja lernen, von wenigen Ausnahmen abgesehen nicht zu denken (auch das an dieser Stelle eine starke Vereinfachung, aber eine in diesem Zusammenhang sicher ganz brauchbare). Zweitens: Wenn dabei allen Ernstes ein nennenswertes Risiko vorhanden wäre, wäre schon so mancher von der Tatami aus (die Reisstrohmatte, auf der überlicherweise Za-Zen betrieben wird) in der Psychiatrie gelandet, denn natürlich betreiben schon immer und überall Menschen Meditation auch ohne Lehrer. Außerdem muss ja irgendwann einmal irgend jemand damit angefangen haben! Der wird kaum von vornherein verrückt oder sonstwie krank gewesen sein, und wenn er es gewesen wäre, dann hätte er kaum Schüler gefunden, die seine Lehre womöglich über Jahrhunderte weitergegeben hätten. Haben sie aber. Diesen Punkt dürfen wir also wohl abhaken.

Es wundert bei näherem Hinsehen nur auf den ersten Blick, dass in letzter Zeit ausgerechnet immer mehr solche Menschen, die eine Ausbildung als Meditationslehrer haben, sagen, dass ein Lehrer nicht wirklich nötig ist. Auch hier eine simple Begründung: Während Sie beim Meditieren Achtsamkeit entwickeln, achten Sie abseits des 'Ausleerens' Ihrer Psyche dennoch auf sich selbst. Achten Sie darauf, wie es Ihnen geht, ob das, was Sie tun, Ihnen gut tut. Anders ausgedrückt: Seien Sie Ihr eigener Lehrer! Ihr Körper ebenso wie Ihre Psyche sagen Ihnen von sich aus, ob es richtig ist, was Sie machen, und wie sie es machen. Wenn das ausgebildete Psychologen oder Zen-Meister sagen, dürfen wir wohl davon ausgehen, dass es stimmt.

Andererseits kann es natürlich kein Fehler sein, mindestens hin und wieder Hilfe und Rat von Lehrenden in Anspruch zu nehmen. Natürlich können diese Menschen wertvolle Tipps und Hilfestellungen geben. Außerdem kann es ein wunderbares Erlebnis sein, an einschlägigen Seminaren oder Sessins teilzunehmen, dabei andere Menschen kennenzulernen und mit ihnen Erfahrungen auszutauschen. Auch Gespräche über Zweifel, die auf längere Sicht kaum ausbleiben werden, können Sie mit einem Lehrer führen. Sie werden sich ziemlich sicher als hilfreich und wohltuend erweisen. Sogar die reine Ortsveränderung, wenn Sie irgendwo hinfahren, um an einer Veranstaltung teilzunehmen, kann sehr erfrischend sein. Urlaub innerlich und äußerlich sozusagen. Kommt noch hinzu, dass Sie zwar, wie erwähnt, bei Ihrem Fahrzeug bleiben sollten, wenn Sie sich erst einmal für eines entschieden haben. Was hindert Sie andererseits daran, gleichzeitig doch auch andere Schulen, Richtungen, Methoden wenigstens kennenzulernen und sich mit ihnen auseinanderzusetzen? Der Benediktinermönch und in langen Jahren ausgebildete Zen-Meister Willigis Jäger unterhält heute ein Zentrum in Holzkirchen nahe Würzburg, das auf alle Fälle einen Besuch wert ist. Jäger (seine vermutlich bekannteste Buchveröffentlichung: 'Die Welle ist das Meer') hat vor Jahren einmal einen Vortrag im schwäbischen Tuttlingen gehalten. Vor ausverkaufter Halle stand er, klein und schmächtig, wie er ist, am Rednerpult und donnerte nach etlichen vorausgegangenen Ausführungen, mit der Faust aufs Pult hauend, in den Saal: "Dieser Tisch ist kein Tisch!" Die meisten Leute im Saal hatten Fragezeichen in den Augen... Was er versuchte, seinen Zuhörern zu vermitteln, ist die Tatsache, dass kein Gegenstand und kein Lebewesen für sich selbst existiert und als in sich abgeschlossen und kompakt betrachtet werden kann. Stellen Sie sich den Abstand zwischen einem Neutron und einem Atomkern bildlich vor und vergrößern Sie beide gedanklich auf die Größe von für uns sichtbaren Körpern - der Abstand schon zwischen diesem einen einzelnen Atomkern und dem Neutron wäre so groß, dass proportional dazu betrachtet die gesamte Milchstraße hindurch passen würde (Sie dürfen nachmessen)! Da soll ein Stück Holz, das aus nichts anderem als aus Atomen und ihren Bestandteilen besteht, allen Ernstes ein kompakter Gegenstand sein? Was das freilich mit Meditation zu tun hat, das erfahren Sie allenfalls beim Za-Zen auf der Tatami, und dann wäre es sicher gut, eben doch einen geeigneten Lehrer an der Seite zu haben. Nur mit dem Erlernen und Praktizieren von Meditation an sich hat das wenig bis gar nichts zu tun. Denken Sie noch an unseren Stein? Auch er besteht aus nichts anderem als aus Atomen. So wie Sie, und wie Willigis Jägers Rednerpult.

Die Behauptung, ohne Lehrer gebe es keine 'erfolgreiche' Meditation, kommt, wie sich leicht erkennen lässt, hauptsächlich daher, dass von jeher die Inhaber ihrer jeweiligen Schulen eifersüchtigst darüber gewacht haben, das ihre Schule als die einzig richtige angesehen werde. Diese Eigenschaft haben offenbar komischerweise alle Nachfolger (!) von Religionsstiftern an sich. Auch Buddhisten, Hinduisten, Taoisten und was es nicht noch alles gibt, sind aber halt nur Menschen. Schließlich spielt noch eine Rolle, dass jeder darauf bedacht ist, eine Vermischung mit anderen Schulen, Lehren, Religionen etc. zu verhindern und dadurch einen unerwünschten Synkretismus zu unterbinden. Synkretismus ist, wenn sich jemand aus unterschiedlichen Religionen oder Lehrgebäuden diejenigen Teile herausklaubt und mit anderen zusammenbastelt, die ihm gerade am sympathischsten sind, oder die ihm als am besten geeignet erscheinen. Von diesem Widerstand seitens seiner eigenen katholischen Kirche gegen angeblich durch ihn veranlassten Synkretismus hat gerade Willigis Jäger als Wanderer zwischen den Welten einiges zu spüren bekommen. Das ändert nichts an der Tatsache, dass er heute einer der wichtigsten spirituellen Lehrer in Deutschland ist (natürlich gibt es daneben zahlreiche andere, glücklicherweise).

Grundsätzlich ohne Lehrer nur von sich selbst zu lernen, hat einen Vorteil, den wir nicht übersehen wollen: Wer dies ernsthaft tut, stärkt damit automatisch sein Selbstbewusstsein, oder sagen wir an dieser Stelle besser: seine Selbstsicherheit. Er lernt seinen Körper, seine Reaktionen, sein ganzes Innenleben unter Umständen besser kennen, als wenn er sich vor schierer Ehrfurcht auf Lob oder Tadel eines Außenstehenden verlassen würde. Es ist auch nicht jede Lehrerin oder jeder Lehrer für jede Schülerin oder jeden Schüler gleich gut. Zwischen beiden muss ein bestimmtes Vertrauensverhältnis herrschen. Andernfalls entsteht statt eines gedeihlichen Lehrer-Schüler-Verhältnisses allenfalls Murks. Ziemlich sicher ärgern sich dann, wenn sie es trotzdem mit einander versuchen und nach einer Weile feststellen, dass sie gescheitert sind, alle beide. Der Verzicht auf einen Lehrer und an dessen Stelle das Sich-Selbst-Lehren mögen bei einem schwachen Charakter ein gewisses Risiko beinhalten, aber in den meisten Fällen ist es eine Riesen-Chance, und auch der Schwächste kann ja wachsen und stark werden. Meditation ist ein Prozess der Bewusstseins- und Persönlichkeitsbildung, ein Prozess stetigen Reifens.

Kapitel 4: Kurzgeschichte der Meditation

Die Wurzeln der Mediation liegen weit in der Vergangenheit und zwar in der Antike. Meditation bedeutet übersetzt: neutral, keiner Person zugewandt, vermittelnd.
Viele Menschen glauben das Buddha die Meditation erfunden hat, das ist jedoch falsch. Der Buddhismus hat aber viel dazu beigetragen dass die Weltbevölkerung meditiert. Heutzutage gibt es aber keine Schriftstücke mehr die es wohlbehalten geschafft haben, deswegen kann man alles nur erahnen.

Der Ursprung der Meditation stammt aus Dravidien, was südlich in Indien liegt. Draviden nennt man die Urbevölkerung Indiens. Spirituelle Meister und Weisheitslehrer haben dort ihr Wissen vor mehr als 13 000 Jahren weiter gereicht.

In den fünfziger Jahren wurde die Meditation in die USA gebracht und dort angepasst, so dass es für jeden zugänglich war. Jon Kabat-Zinn ist Molekularbiologe und Forscher. Er entwickelte die Achtsamkeitsmeditation die heute sehr beliebt gegen Stress ist.

Ende der sechziger Jahre erfand Osho, ein indischer Philosoph einzigartige Meditationstechniken. Man nennt sie die aktiven Mediationen, die speziell für den modernen Menschen entwickelt wurden waren. Dazu zählt die:

Dynamische Meditation: Die Dynamische Meditation ist gut für den Morgen. Sie besteht aus 7 Phasen. In den Phasen wird getanzt, geatmet, gehüpft und stillgestanden. Es ist eine Art Trance.

Kundalini Meditation: Die Kundalini Meditation ist das Gegenteil der Dynamischen Meditation. Sie wird am Abend durchgeführt und besteht aus vier Phasen: tanzen, schütteln, der Musik lauschen und entspannen. Mit dieser

Mediation lässt du den Alltag hinter dir. Der Körper kommt zur Ruhe.

Mandala Meditation: Die Mandala Meditation ist eine sehr aktive und kraftvolle Meditation. Durch das laufen auf derselben Stelle wird der Körper angefordert Kraft zu investieren die er so noch nicht wahrgenommen hat. Der Oberkörper und die Arme werden gedreht und es kommt zu einem Energiekreis der sehr beruhigend wirkt.

Was bedeutet Meditation?

Wortwörtlich ist es eine von mehreren Techniken die man Anwendet und die dazu führt das die Konzentration in einem Punkt gesammelt wird. Ein bestimmter Zustand des Bewusstseins wird herbeigeführt. Meditation ist undefinierbar, man muss sie selbst erlebt haben. Es ist wie ein bestimmter Geschmack den man nicht wiedergeben kann, weil er einmalig ist. Nur mit eigener Erfahrung wirst du Wissen was Meditation bedeutet. Bei der Meditation versucht man sein eigenes Ich zu erfahren. Einfach Eins zu sein, sich verschmelzen zu lassen mit dem Innen und Außenwelt.

Was Meditation nicht ist

Meditation bedeutet nicht, dass man nichts tut. Viele glauben, dass man versuchen muss an nichts zu denken und still zu sitzen. Es ist aber vielmehr, den es geht ums Bewusstsein. Du musst dir deinen Zustand Bewusst werden. Wenn du Anfängst an nichts zu denken dann tritt das Gegenteil in Kraft und du wirst viel denken. Es werden immer wieder Bilder auftauchen die du dann versuchst beiseite zu schieben. Das bedeutet aber nicht Bewusstsein. Bewusstsein bedeutet, dass du dich den Bildern stellst und sie wahrnimmst. Es geht darum in die Stille, in das nichts zu kommen. Es ist auch kein Zustand der Konzentration. Wenn du dich Konzentrierst dann gibt es eine Dualität. Bei der Meditation gibt es aber niemanden. Wenn du es schaffst in einen tiefen Zustand zu gelangen dann ist nichts. Es ist leere da.

Meditation bedeutet auch nicht, dass du flüchten kannst in eine andere Welt oder einen anderen Zustand. Es ist eine Bewusstseinserweiterung. Viele glauben auch dass es mit religiösen oder spirituellen Aspekten zu tun hat. Es ist richtig das spirituelle Menschen die Mediation nutzen um näher an ihr eigenes Ich zu kommen oder zu Gott. Es ist aber für jeden nutzbar. Jeder Mensch auf der Erde darf meditieren, egal welchen Glauben er hat und wo er sich befindet. Bei der Meditation behältst du die Kontrolle. Es ist kein bewusstloser Zustand. Alles geschieht so wie du es möchtest, nicht wird unkontrolliert passieren.

Ist Meditation eine Religion?

Meditation ist nicht zwangsläufig eine Religion. Die Religiösen und spirituellen Menschen nutzen die Meditation aber um zur spirituellen Erleuchtung zu gelangen. Heute wird die Meditation als Stressbewältigung genutzt. Jeder kann meditieren, egal ob er religiös ist oder nicht. Es ist etwas Universelles, deswegen sollte man sie nicht Verbinden wollen mit z.B. einer Religion oder einer Politik. Selbst Atheisten dürfen meditieren, keine verbietet es ihnen nur weil er nicht an Gott glaubt. Man muss also an nichts Glauben.

Unterschied von christlicher zu östlicher Meditation

Christliche Meditation	Östliche Meditation
Gott wird als etwas Allmächtiges dargestellt, was über den Menschen ist	Der Meditierende erlebt sich als das Göttliche, als eine universelle Einheit
Das Gebet, es wird zu einem gesprochen der „zuhört"	Hier gibt es kein Gebet im Sinne von „zu einem sprechen der zuhört" Gott ist überall

Über Gottes Wort nachdenken und danach leben Gottes Worte in sich und überall spüren

In die Kirche gehen um sich zu sammeln und zu beten   Meditieren kann man überall, im Sitzen und im liegen

Christliche Meditation wird auf Gott und seine Gedanken gelenkt Die   östliche Meditation stellt so eine Verbindung nicht her

Beim Meditieren ist es also egal ob du an Gott oder jemanden anderen glaubst. Es spielt keine Rolle wo und wie du meditierst. Das entscheidende ist die passende Technik.

Niemals in der Welt hört Hass durch Hass auf. Hass hört durch Liebe auf. –Buddha

Du lächelst und die Welt verändert sich. -Buddha

Du wirst morgen sein, was du heute denkst –Buddha

Alles ist vergänglich und deshalb leidvoll – Buddha

Kapitel 5: Die sechs besten Meditationstechniken

Es gibt nicht die eine, richtige Art zu meditieren. Heute kennen wir 112 Meditationstechniken. Buddha hat über tausend Methoden gelehrt und insgesamt gibt es ungefähr 7 Milliarden Arten zu meditieren. Die verschiedenen Techniken und Formen der Meditation hängen unmittelbar von Schulen, Religionen und Ortschaften ab, innerhalb derer sie entstanden sind. Es gibt freie Meditation, oder angeleitete; aktive oder passive Meditation; mit Mantras und Atemübungen... Und viele mehr! Ganz schön verwirrend, oder? Muss es aber nicht sein.

In diesem Kapitel werden die bekanntesten Meditationsarten vorgestellt, um einen Überblick zu verschaffen.

Im Großen und Ganzen kann Meditation in zwei Methoden unterteilt werden: konzentrierende und entfaltende.

Bei der konzentrierenden Meditation versuchst Du, Dein Bewusstsein auf eine einzige Sache zu konzentrieren und alles andere auszublenden.

Bei der entfaltenden Meditation versuchst Du eine innere "Leere" zu schaffen und das Denken einzustellen, also die Stimme in unserem Kopf abzuschalten. Du bist einfach nur anwesend und lässt alles um dich herum geschehen ohne es zu bewerten. Bei dieser Meditation kann der Meditierende transzendierende Körpererlebnisse erfahren.

Des Weiteren gibt es spezielle Formen der Meditation, die beide Methoden verbinden.

Zazen – Meditation im Zen-Buddhismus

Zen ist eine Strömung des Buddhismus, die im Westen als sehr populär ist. Die Zazen Meditation geht zurück bis ins 12. Jahrhundert und kommt aus Japan. Im

Zen-Buddhismus geht es darum, eine aktive Erfahrung der Meditation zu spüren und weniger um Theorien, feste Gesetze und Strukturen. Man könnte sie die „Freestyle" Meditation nennen
Bei Zazen sitzt man bewegungslos, diszipliniert in einer meditativen Körperhaltung. Zazen ist die Art der Meditation, die im Zen-Buddhismus praktiziert wird. Dabei sitzt man mit übereinandergeschlagenen Beinen auf dem Boden, einem Hocker oder auf einem Meditationskissen. Die Augen bleiben offen oder halboffen. Man schaut in die Ferne ins Leere. Der Meditierende soll in seinem Körper innehalten und nicht aktiv schauen, nicht fokussieren. Es geht um das Sein nicht um das Tun. Hier wird dieses spirituelle Vakuum erfahren, welches bereits erwähnt wurde. Der Körper und Geist sollen in dem neutralen Zustand beobachtet werden, ohne Acht zu geben auf Gefühle, Gedanken oder die Außenwelt. Da es bei dieser Art von Meditation grundsätzlich um Achtsamkeit geht, wird sie auch "Erkenntnismeditation"

genannt. Ohne Kunstwerke oder Bildnisse wie Buddha Statuen, Mandalas oder ähnliches, soll in der Stille der Weg zur spirituellen Entwicklung gefunden werden. Somit können sich täglich wiederholende Erfahrungen, die zu unserer Routine gehören, sei es Essen, Auto fahren, gehen oder E-Mails beantworten, achtsam wahrgenommen werden und den Ausführenden in ein meditatives Bewusstsein versetzen.

Die Zen Meditation verbessert deutlich die Konzentrationsfähigkeit, wirkt sich positiv auf Aufmerksamkeit und Gedächtnis aus, reduziert Stress und sorgt für eine stabile emotionale Sensibilität.
Metta – Meditation der liebende Güte
Diese Meditation ist weniger frei gestaltbar. Hier geht es eher darum, was dem traditionellen Buddhismus eigen ist, seine Aufmerksamkeit und den gesamten Geist mit unterschiedlichen konzentrativen Techniken auf einen speziellen Inhalt oder Bildnis auszurichten.

Übersetzt bedeutet „Metta" Freundschaft, (selbstlose) Liebe und Freundlichkeit.

In der buddhistischen Religion wird erzählt, dass Buddha (Siddharta Gautama) vierzig Meditationsobjekte nutzte und diese seinen Schülern bei der Meditation ebenfalls empfohlen hat. In einer seiner Vortäge (der Metta-Sutta) beschreibt Buddha ausführlich diese spezifische Art der Meditation. Die Grundhaltung ist eine Sitzposition und die Augen bleiben geschlossen.

Es geht darum, eine liebende Güte zunächst an sich selbst zu schicken. Nach diesem Schritt schickt der Meditierende Liebe an andere Menschen, die ihm nahestehen oder die er besonders schätzt, und arbeitet sich langsam durch alle Menschen, bis hin zu „Feinden" oder unbekannten Menschen in anderen Bezirken, Städten und Ländern.

Dabei wird das Ziel verfolgt, super konzentriert zu sein und die liebende Güte an alle Menschen und Wesen in allen Welten auszusenden. Diese Meditationsart ist zeitlich nicht festbestimmt, kann also ein paar Minuten oder einige Stunden dauern und kann von Sätzen und Mantras unterstützt werden. Wichtig ist, wie bei den meisten Meditationsarten, dass man diese regelmäßig ausführt.

Du kannst zum Beispiel denken:" Ich sende Liebe und Güte an meine Familie" Dabei stellst du dir vor, dass es allen gut geht und alle gesund und glücklich sind und ihr eine glückliche Einheit bildet. So fährst du dann fort.

Diese Meditation sorgt für bessere Beziehungen des Meditierenden, zu anderen und auch zu sich selber. Der Meditierende findet die innere Balance und ist psychisch und körperlich zufrieden und ist quasi im Zen mit sich selber und der Umwelt (auch wenn diese Art der Meditation nichts mit dem Zen Buddhismus zu tun hat)

Transzendentale Meditation von Maharishi Mahesh Yogi

Dies ist eine relativ junge Form der Meditation, hat sich aber durch den „spirituellen Superstar" Maharishi Mahesh

Yogi weltbekannt gemacht. 1967 haben die Beatles auf ihrem Indien trip den Guru Maharishi besucht und sich von ihm spirituell beraten lassen. Er wurde danach zu einem Lieblingsguru der Hippiesszene. Seine Meditation begründet sich auf dem Rezitieren von ausgewählten Mantras. Die Mantras können gesprochen oder gedacht werden. Mantras sind Worte oder Wortkombinationen, die dem Sprechenden Klarheit geben sollen und den Geist beruhigen sollen. Die Mantras sollen von dem Meditierenden geheim gehalten werden.

Die Technik ist relativ leicht und kann leicht erlernt und in das alltägliche Leben integriert werden. Das Umstrittene an dieser Meditation ist, dass sie nur von einem Lehrer an den Meditierenden weitergegeben werden kann.

Wer transzendentale Meditation nach Maharishi erlernen möchte, muss einen kostenpflichtigen Kurs der Vereinigung besuchen. Es gibt aber weitere meditative Techniken, die nichts kosten und denselben oder vielleicht intensiveren

Einfluss auf das Wohlbefinden der Menschen haben (und diese werden in diesem E-Book vorgestellt)

Die Dynamische Meditation von Osho
Osho war ein spiritueller Lehrer in den 80ern und 90ern.Die Zitate und Lebensweisheiten des indischen Gurus aus Poona sind in aller Munde, doch nur wenige kennen die Technik der dynamischen Meditation.
Die von Osho entwickelte Meditation ist eine sehr aktive Meditationstechnik. Am besten führst Du sie morgens vor dem Frühstück ca. eine Stunde lang aus.
Es gibt mehrere Phasen dieser Meditation, die mit einer speziellen Musik ausgeübt wird. Nach jeweils 10 Minuten ertönt ein Gong und sie Musik wechselt.
Die ersten 10 Minuten atmet der Meditierende in tiefen und schnellen Atemzügen. Durch die schnelle Sauerstoffaufnahme wird der Körper aktiviert und gut durchblutet.
In den nächsten 10 Minuten lässt man allen aufgestauten Gefühlen freien Lauf,

was sich durch Schreien, Lachen oder Weinen äußert. Nach der emotionalen Entladung folgen 10 Minuten körperlicher Entladung und der Meditierende hüpft, wobei bei jedem Hochhüpfen „Huh!" geschrien werden soll. Nach diesen 30 Minuten Meditation folgt dann ein „Stop" Signal des Lehrers und der Meditierende verharrt in einem Stillstand für die nächsten 15 Minuten.

Die letzten 15 Minuten wird es frei getanzt.

Am wirkungsvollsten ist diese Meditation in einer Gruppe, da sich dadurch die Gefühle besser lösen.

Morgens ist die beste Zeit für diese Meditation, weil sie dir für den ganzen Tag Energie und Kraft verleiht. Du befreist dich durch das Weinen und Lachen energetisch und kannst diese Vitalität für den Tag nützen. Deshalb war die dynamische Meditation eine sehr beliebte Methode im psychotherapeutischen Bereich der 70er Jahre. Gesundheitlich sorgt dynamische Meditation für eine bessere Durchblutung, Wachheit und gute Laune.

Meditation im Kundalini Yoga

Wenn du von Meditation und Yoga schon einmal gehört hast, dann ist der Begriff Kundalini Yoga nicht ganz fremd. Wichtig ist diese Art von Kundalini Yoga nicht mit der Kundalini Meditation nach Osho zu verwechseln. In dieser Form von Yoga nimmt Meditation eine besondere Stellung ein und wird meistens am Ende der Yogastunde durchgeführt. Es gibt hunderte von Meditationsanleitungen, die der Gründer des Kundalini Yoga, Yogi Bhajan, hinterlassen hat und jede Meditation verfolgt ein klar definiertes Ziel, zum Beispiel Heilen bestimmter Krankheiten, Finden der wahren Liebe, Anziehen des Reichtums oder Überwindung von Wut.

Jede Meditation ist ebenfalls auf eine bestimmte Zeitdauer ausgelegt: für 3, 22, 11, 31, 62 Minuten oder für 2,5 Stunden.

Je nach der Zeitdauer der Meditation nimmt die Wirkung zu.

Die Grundform der Meditationen im Kundalini Yoga kann sowohl aktiv, mit rhythmischen Bewegungen oder

Atemtechniken, oder auch passiv, eine Art klassische Meditation im Sitzen, sein.

Eins haben alle Meditationstechniken im Kundalini Yoga gemeinsam: Sie werden in Verbindung mit Mantras ausgeführt. Ein Mantra besteht aus einem oder mehreren Worte, die man immer wieder in Gedanken oder laut wiederholt.
Wenn du eine Meditation regelmäßig, am besten täglich ausführst, merkst du, wie sich die Intensität ändert und es dir immer leichter fällt.
Nach einer Weile wird dir das Medititieren zur Gewohnheit und du möchtest es nicht mehr missen.

Vipassana – die 10-Tage-Intensiv-Meditation

Kommen wir nun zu der letzten Meditation, der Vipassana-Meditation. Die Vipassana Meditation ist eine Schweigemeditation. Wenn du eine krasse Erfahrung suchst, ist das genau das

Richtige für dich. Bereite dich auf eine Zeit in einer anderen Welt vor.

Die Meditation dauert zehn Tage und findet meist in Klöstern oder einem abgegrenzten Gelände statt.
Vipassana ist das Herz der buddhistischen Meditation und ist die am meisten praktizierte Form der Meditation in Südostasien. Sie basiert auf den Schriften der buddhistischen Theravada-Traditon.
Das Wort Vipassana bedeutet: die Dinge so sehen, wie sie wirklich sind.
Grundlegend in dieser Meditationspraxis ist eine achtsame Aufmerksamkeit, die traditionell von Lehrer zu Schüler weitergegeben wird und dann vom Schüler selbst erfahren wird.
Vipassana nach S.N. Goenka ist die Bekannteste Meditation.
Diese Meditation wird in dem Zentrum von Goenka in Indien Dhammagiri nördlich von Mumbai gelehrt. Zudem hat S. Goenka in Deutschland mehrere Zentren eröffnet.

In den zehn Tagen des Retreats dürfen die Teilnehmer das Kursgelände nicht verlassen und geben all die elektronischen Geräte, Handy, Laptop etc. für die 10 Tage ab (Kann man auch super für ein Internet und Social Media Detoxing nutzen).

Die Meditierenden lesen und schreiben nicht, trinken keinen Alkohol, rauchen nicht und dürfen sonst keine schädlichen Substanzen zu sich nehmen. Gesprochen wird auch nur in den nötigsten Situationen.
Der Kursplan ist ziemlich streng – aufgestanden wird vor dem Sonnenaufgang und es geht gleich mit einer Meditation los.
Der Großteil des Tages wird ebenfalls mit Meditation verbracht, unterbrochen von Geh-Meditationen und einem kurzen täglichen Gespräch mit dem Kursleiter oder einem Mentor, meistens nach dem Mittagessen.
Ziel der Vipassana Meditation ist es alle störenden Gedanken auszulöschen, sich als eine Energie und nicht als einen Körper

zu verstehen und somit die Befreiung von allem menschlichen Leid zu erreichen.

Der gesamte Kurs dauert zehn Tage und du hast schon viel erreicht, wenn du diese zehn Tage dabei bleibst. .Nächste Komponente ist die Konzentration auf den Atem, wobei Gedanken und Gefühle zwar zugelassen werden können, der Geist aber auf diese nicht regieren soll.

Außer der Erleuchtung werden Vipassana-Meditierende zufriedener in ihrem Leben, selbstbewusster, empfinden weniger Stress und sind langfristig weniger anfällig für diverse Krankheiten.

Kapitel 6: Maximiere deine Lebensqualität

In diesem Kapitel widmen wir uns ausführlich den Vorteilen der Meditation und schauen uns an, wie sie dich dabei unterstützen kann, zu mehr Lebensqualität zu finden. Das Meditieren wirkt sich nachweislich positiv auf Blutdruck und Herz-Kreislaufsystem aus, beruhigt die Nerven, baut Stress und Ängste ab und führt so zu mehr Gelassenheit und besserem, erholsamerem Schlaf. Da Stress das Immunsystem schwächt, kann auch dieses durch Meditation gestärkt werden, sodass du seltener krank und schneller wieder gesund wirst. Solltest du unter depressiven Gefühlen leiden, bietet sich die Meditation, ergänzend zu einer therapeutischen Behandlung, als nebenwirkungsfreies Heilmittel an, denn sie regt die Serotoninproduktion im Körper an, wirkt so depressiver Verstimmung entgegen und kann sich deutlich positiv auf die Symptome einer Depression auswirken. Dank ihres fokussierenden, lösenden Effekts wird Meditation außerdem in der Therapie von Suchterkrankten angewandt. Wer regelmäßig meditiert, kann sich zudem nachweislich besser konzentrieren, sodass die Leistungsfähigkeit steigt. Schmerzpatienten nutzen die Meditation, um ihrem Leiden für einige Augenblicke entfliehen zu können. Während des Meditierens wird der Fokus beispielsweise gezielt auf ein Mantra, ein Gefühl, die Innenwelt oder den Moment gelenkt, sodass der Schmerz in den Hintergrund tritt und verblasst. Zwar kann die Meditation den Schmerz nicht endgültig verschwinden lassen, doch sie verschafft den Betroffenen einen wichtigen Moment der Erleichterung, in dem sie durchatmen und neue Kraft sammeln können. Und selbst bei Gewichtsproblemen kann die Meditation Abhilfe schaffen. Oftmals übersättigen sich Menschen, wenn sie im Stress sind, Angst haben oder unter Druck stehen. Durch Meditation lernst du, Stress und Angst abzubauen, sowie deutlich besser und gelassener mit stressigen Situationen umzugehen. Du wirst belastbarer, sodass du Druck besser aushalten kannst, ohne Essattacken nachzugeben oder Nikotin oder ähnliche Stoffe zu brauchen, um durch den Tag zu kommen. So kann dir das Meditieren auch dabei helfen, schädliche Laster, wie das Rauchen oder das unverzichtbare Feierabendbier, hinter dir zu lassen. Letztendlich unterstützt dich die Meditation dabei, zu dir selbst zu finden, in dir anzukommen, dich und deine Umwelt anzunehmen und letztendlich ein gesünderes, erfüllenderes und zufriedeneres Leben in Balance mit dir und der Welt zu führen.

Kapitel 7: Ein hektischer Alltag

Durch immer größere Anforderungen des Alltags vergessen wir immer mehr, was wir wirklich imstande sind zu tun, ohne dabei das Wesentliche im Leben nicht zu vernachlässigen. In der heutigen Leistungsgesellschaft kriegen wir nur dann Anerkennung wenn wir produktiv sind.

Übermüdung und schlechte Laune werden übersehen. Es wird sogar versucht mithilfe von Medikamenten für einen kurzen Zeitraum einen Aufschub zu gewähren. Die Folge ist, dass wir keinen Stress abbauen können, unserem Körper allerdings das Signal geben, das alles in Ordnung sei und wir weiter machen, denn der Schmerz lässt nach.

Noch in der Menschheit wurde so oft wie in unserer Zeit ein Schmerzmittel zur Linderung von Kopfschmerzen so häufig eingenommen, wie in unserer. Das Problem ist, und das wissen viele nicht, dass solche Mittel nicht nur abhängig machen, sondern auch dazu beitragen, dass das Gehirn „weich" wird.

Die Einflüsse auf uns sind größer und verheerender, als wir uns eingestehen wollen. Wenn wir unser Gehirn zu lange unter Stress aussetzen, dann wirkt sich dies auch langfristig auf unseren Körper und damit auch auf unsere physische Gesundheit aus.

Die Folgen sind anfängliche Kopfschmerzen und führt zu grippalen Effekten, Schlaflosigkeit, geringer Motivation und schwacher Willenskraft. Im schlimmsten Fall kann sie sogar zu schwerwiegenden Depressionen führen.

Falls es bei Ihnen der Fall sein sollte, dann werden Ihnen einfache Entspannungstechniken und Meditation nur bedingt weiterhelfen. Vielmehr sollten Sie professionelle Hilfe aufsuchen und einen Psychologen konsultieren.

Kapitel 8: Was brauche ich zum Meditieren?

Um mit dem Meditieren zu beginnen, brauchst du nur sehr wenige Dinge. Als Hilfen kannst du eine Gymnastikmatte, eine Yogamatte, ein Meditationskissen, eine Meditationsbank oder einen ganz normalen Stuhl benutzten. Bequeme lockere Kleidung, die dich nicht einengt, ist von Vorteil. Ein Wecker, ein Timer oder dein Smartphone (Flugmodus einschalten!) sind nützliche kleine Helfer. Das ist auch schon alles, was du für deine Meditation brauchst.
Wenn du magst, kannst du im Hintergrund leise Entspannungsmusik laufen lassen, eine Kerze oder ein Räucherstäbchen anzünden. Es geht aber auch ohne. Du musst selbst ausprobieren, was dir gut tut und was eher hinderlich für deine Meditation ist. Bist du nicht besonders gelenkig, was die meisten von uns sind, beginne deine ersten Meditationen am besten auf einem Stuhl. Du kannst auch im

Stehen oder im Liegen meditieren, wenn dir das Sitzen schwer fällt.

Die nächste Variante, die nicht so viel Gelenkigkeit voraussetzt, ist der Fersensitz auf einer Meditationsbank. Dazu legst du dir die Gymnastik- oder Yogamatte auf den Boden und kniest dich auf die Matte. Als Nächstes stellst du die Meditationsbank hinter dich, über deine Unterschenkel und setzt dich hin. Das verhindert, dass dir die Beine einschlafen, wenn du einfach ohne die Meditationsbank auf deinen Fersen sitzt.

Den Fersensitz kannst du auch auf einem Meditationskissen ausführen. Dazu kniest du dich wieder hin und schiebst dir dein Meditationskissen unter das Gesäß. Deine Unterschenkel liegen jetzt jeweils rechts und links neben deinem Kissen. Um dich auf die Meditation zu konzentrieren, solltest du auf keinen Fall irgendwo Schmerzen haben, sitze angenehm und mit geradem Rücken.

Der Schneidersitz ist ebenfalls eine gute Sitzposition für eine Meditation. Dazu kannst du dir auf deiner Gymnastik- oder

Yogamatte ein Meditationskissen unterlegen, damit dein Gesäß etwas angehoben wird. Das ist bequemer und deine Sitzposition wird dadurch stabiler, das aufrechte Sitzen gelingt dir besser. Schiebe deine Knie so weit nach außen, dass deine Füße nicht unter den Oberschenkeln liegen.

Die Sitzpositionen, die man normalerweise mit der Meditation in Verbindung bringt, sind der halbe oder ganze Lotussitz. Diese beiden Sitzpositionen sind aber eher etwas für gelenkige und geübte Menschen. Als Anfänger kann ich sie dir nicht empfehlen. Es braucht schon eine gewisse Praxiserfahrung, um über einen längeren Zeitraum in diesen Sitzpositionen verharren zu können.

Für den halben Lotussitz winkelst du dein linkes Bein ganz an, wenn du auf dem Boden oder deinem Meditationskissen sitzt. Ziehe den linken Fuß möglichst dicht an deinen Körper heran. Winkle nun das rechte Bein an und lege den rechten Fußrücken auf deinem linken Oberschenkel ab. Wenn dir diese

Beinstellung anders herum besser gelingt, kannst du die Beine ruhig wechseln.

Beim ganzen Lotussitz winkelst du wieder dein linkes Bein ganz an und legst den linken Fußrücken auf dem rechten Oberschenkel ab. Danach winkelst du auch dein rechtes Bein an und legst den rechten Fußrücken auf deinem linken Oberschenkel ab. Hierbei kannst du ebenfalls die Beine wechseln, wenn dir die Beinstellung anders herum besser gelingt. Aber wie gesagt, das ist etwas für Fortgeschrittene.

Deine Hände legst du während der Meditation locker in deinen Schoß oder auf deinen Oberschenkeln mit den Handflächen nach oben ab. Deine Atmung geht tief in deinen Unterbauch hinein. Beim Einatmen wölbt sich dabei dein Bauch nach außen und beim Ausatmen wird der Bauch wieder flach. Das ist schon alles, jetzt kannst du mit deiner Meditation anfangen. Im nächsten Kapitel erfährst du, welche verschiedenen Meditationstechniken es gibt und wie sie durchgeführt werden. Lass uns loslegen.

Kapitel 9: Die Wirkung von Meditation auf unser Leben (Psychisch/Physisch)

Meditation hat Auswirkungen auf Körper und Geist und Seele. Wissenschaftlich gibt es hier immer häufiger neue Erkenntnisse, sogar eine Veränderung der Gehirnmasse wurde festgestellt. Unter anderem wird der Cholesterinspiegel reduziert und viele andere bahnbrechende positive Wirkungen der Meditation wurden entdeckt:

- Geringere Stressanfälligkeit
- Steigerung der inneren Ruhe
- Mehr Ausgeglichenheit
- Stabilisierung des Blutdruckes
- Stärkung des Immunsystems
- Positive Veränderungen der Persönlichkeitsstruktur
- entspanntere Muskeln
- Gefühl der Zufriedenheit
- Optimierung des Stresshormones "Cortisol"

- Steigerung des positiven Denkens
- Mehr emotionale Stabilität
- Steigerung der Konzentration

Es wurde inzwischen eindeutig ein Zusammenhang zwischen geringeren Stressgefühlen und Meditation nachgewiesen. In der Amygdalin (rechter Mandelkern des Gehirnes) zeigten sich positive Ergebnisse bei Meditierenden. Dadurch verringert sich der Stress- und Angstlevel. Das Cortisol, unser wichtigstes Stresshormon, wird in seiner Ausschüttung durch das Meditieren reduziert und somit fühlen wir uns entspannter.
In unserer schnelllebigen modernen Zeit haben viele Menschen ständig eine Art "Kopfkino", welches das Gehirn massiv überlastet. Durch Meditation wird zwar dieses "Kopfkino" nicht abgeschaltet, doch es wird die Fähigkeit erlernt, im "Hier-und-Jetzt" zu leben. Dadurch werden diese Gedanken nicht zu sehr Raum gewinnen in unserem Inneren. Die Achtsamkeit wird erlernt und dadurch sinkt unser Stresspegel enorm. Wir sehen also dann

alles von einer gewissen Distanz aus und können somit besser im Alltag agieren. Die Herausforderungen des Lebens sind einfacher zu bewältigen, wir sehen Dinge, die vorher als Problem galten, nur klarer und lösbarer.

Sie werden aber begeistert sein, was Meditation noch alle bewirken kann:

Steigerung der Intuition und der Wahrnehmung des eigenen Körpers
Wir sind sehr beschäftigt in unseren hektischen Jobs, im Straßenverkehr und allgemein und vergessen oft, unseren Körper bewusst wahrzunehmen. Wenn man ständig ohne Körperbewusstsein durchs Leben geht, kann das sehr schlechte Folgen nach sich ziehen, denn man ignoriert quasi die "innere Stimme" und die kleinen Zeichen, die der Körper uns geben will. So werden Erkältungen verschleppt, Bauchschmerzen einfach übergangen und vieles mehr. Es ist jedoch wichtig, dass Sie auf Ihren Körper hören und sich darauf konzentrieren, was er

Ihnen sagen will. Durch Meditation werden im Gehirn Areale angeregt, die unser sogenanntes "Bauchgefühl" wieder aktivieren. Das "Bauchgefühl" ist ein Urinstinkt. Wir sollten durch Entspannungstechniken diese Intuition und dieses hohe Wissen wieder in unser Leben integrieren.

Der Alterungsprozess wird verzögert
Wer möchte es nicht: Die ewige Jugend! Ein Traum der Menschheit. Doch vielleicht können Sie positiv diesen Traum ein wenig verwirklichen? Die Haut wird faltig, der Körper wird schlaffer im Alter. Im Alter wird aber auch das Denken verlangsamt. Durch Meditation werden Bereiche im Gehirn optimiert, die zuständig sind für Lernen, Gedächtnis, Sinne und Emotionen. Menschen, die kontinuierlich meditieren können dadurch diese Prozesse stärken. Wissenschaftler haben festgestellt, dass bei Meditierenden die Dicke der Großhirnrinde ungefähr 5 % größer ist, als bei anderen Menschen. Besonders bei 40- und 50-jährigen gab es hier einen

signifikanten Unterschied und sie zeigten damit Ergebnisse, die normal nur ein Mensch im Alter zwanzig Jahren vorweist. Auch das logische Denken (fluide Intelligenz) wird durch regelmäßiges Meditieren positiv unterstützt.

Positive Auswirkungen auf die Gesundheit
Durch Meditation können Sie Schlafstörungen beheben. Sie schlafen schneller ein und schlafen insgesamt besser. Ihre Schlafqualität steigert sich also enorm. Den Alltag werden Sie bewusster erleben, Aggressionen werden sich reduzieren und insgesamt zeigt sich eine bessere Stresskompensation. Wer gut geschlafen hat, kann auch den Tag besser bewältigen. Wer entspannt durchs Leben geht, wird mit Problemen besser fertig.

Schmerz wird weniger empfunden
Seelische Schmerzen aber auch körperliche Schmerzen können durch Meditation besser kompensiert werden. Im Gehirn gibt es Schmerzareale (primärer somatosensorischer Cortex), diese zeigen

bei der Meditation Reduzierung ihrer Aktivität. Dadurch werden Schmerzen um bis zu 40 % vermindert. Wenn wir uns überlegen, dass das Medikament "Morphium" die Schmerzen nur um 25 % verringert, dann ist das ein beachtlicher Wert. Sind Sie chronisch mit Schmerzen behaftet? Dann meditieren Sie täglich und Sie werden Erfolg spüren!

Blutdruck wird optimiert
Aber auch der Blutdruck kann durch Meditation verbessert werden. Der Puls geht bei einer optimalen Entspannung auf ca. 60 herunter und somit wird auch der Blutdruck durch Meditieren gesenkt. Die Entspannung lässt das Herz-Kreislauf-System "herunterfahren" auf ein Optimum, die Blutgefäße weiten sich, es wird weniger Cortisol ausgeschüttet. Die Entspannung wirkt sich auf den kompletten Kardiobereich positiv aus.

Das Immunsystem wird gestärkt
Wer viel unter Stress steht, wird auch häufiger krank, das ist bekannt. Stress

beeinträchtigt das Immunsystem negativ. Positives Denken und Meditation mit den Entspannungseffekten hingegen kann das Immunsystem wieder stärken. Das Immunsystem hängt mit der linken Gehirnhälfte zusammen und diese ist wiederrum verbunden mit dem Immunsystem. Ein starkes Immunsystem verhindert häufige Infekte. Aber auch Krebspatienten profitieren von der Stärkung des Immunsystems durch Meditation. Besonders bei der Chemotherapie ist Meditation so eine ideale Komponente auf dem Weg zur Gesundheit.

Cholesterinwerte werden reduziert
Stress und eine ungesunde Ernährung sind die Hauptursachen für einen erhöhten Cholesterinspiegel. Somit ist es ratsam, dass Sie Meditation in Ihren Alltag einzubauen und zur Gewohnheit werden lassen. Studien haben gezeigt, dass der Cholesterinspiegel nachweislich nach ungefähr einem Jahr kontinuierlichem Meditieren deutlich sinkt (30 mg/dl).

Normalerweise können solche Ergebnisse nur mit Medikamenten erreicht werden. Stellen Sie Ihre Ernährung um, treiben Sie Sport, bewegen Sie sich viel und meditieren Sie, dann sind Sie optimal vor den Volkskrankheiten geschützt.

Hilfe bei Migräne
Wenn Sie Migräne kennen, werden Sie aufhorchen: Meditation kann Migräneattacken reduzieren! Oftmals ist Stress der Auslöser bei Migräne. Durch Meditation wird Stress vermindert und somit auch das Risiko, einen Migräneanfall zu bekommen. Studien zeigten, dass durch Meditation und Entspannungstechniken die Häufigkeit der Anfälle weniger wurden. Ein Migräneanfall ist dermaßen schlimm auszuhalten und viele Menschen suchen seit Jahren hier eine Lösung. Meditation kann hier helfen!

Als Fazit kann man feststellen, dass Meditation für Körper, Geist und Seele eine optimale Heilmethode darstellt. Durch Meditation wird Stress vermindert -

und Stress ist der Auslöser so vieler Beschwerden. Meditation lässt hilft uns bei der Achtsamkeit in unserem Leben. Wir kommen mehr zu uns selbst und erfahren somit mehr Entspannung - körperliche Entspannung und geistige Entspannung. Unsere Gelassenheit wird größer und wir finden "unsere Mitte". Der Körper ist dadurch gestärkt und in einem starken Körper ruht ein starker Geist! Bleiben Sie konsequent mit den Meditationsübungen, denn schon bald zeigen sich Erfolge, die innere Ruhe kommt zurück in Ihr Leben. Sie werden deutlich Ihr Stressempfinden reduzieren!

Kapitel 10: Wie meditiere ich?

Meditation ist eine einfache Übung, die allen zur Verfügung steht und Stress reduzieren, die Gelassenheit und Klarheit steigern und das Glück fördern kann. Das Erlernen des Meditierens ist unkompliziert, und die Vorteile können schnell eintreten. Hier bieten wir grundlegende Tipps, um Sie auf den Weg zu mehr Gelassenheit, Akzeptanz und Freude zu bringen. Atmen Sie tief ein und machen Sie sich bereit, um sich zu entspannen.

Hier erfahren Sie, wie Sie mit dem Meditieren beginnen. Denken Sie daran, Sie üben Meditation, Sie werden nie perfekt darin, also lassen Sie sich nicht entmutigen, wenn Ihr Geist diese unvermeidlichen Sprünge macht.

1. Suchen Sie nach einer relativ ruhigen Umgebung, in der Sie nicht gestört werden.
2. Setzen Sie sich mit geradem Rücken, dem Kopf an der Wirbelsäule ausgerichtet

und den Händen bequem auf die Oberschenkel.

3. Wenn Sie auf einem Stuhl sitzen, sollten Ihre Füße flach auf dem Boden stehen. Wenn Sie eine Position mit gekreuzten Beinen auf dem Boden bevorzugen, achten Sie darauf, dass Ihre Knie und Knöchel bequem positioniert sind, damit sie während der Meditationssitzung nicht taub werden. Wenn Sie längere Zeit nicht bequem auf dem Boden sitzen können, ist eine Meditationsbank eine ausgezeichnete Wahl.

4. Schließen Sie Ihre Augen oder, wenn Sie es vorziehen, sie offen zu halten, senken Sie Ihre Lider leicht, richten Sie Ihren Blick auf den Boden vor Ihnen und versuchen Sie nicht, sich auf etwas Besonderes zu konzentrieren.

5. Nehmen Sie sich ein oder zwei Minuten Zeit, um sich zu beruhigen und Ihren Körper auf angespannte oder unangenehme Stellen abzusuchen. Passen Sie gegebenenfalls Ihre Position an.

6. Lenke deine Aufmerksamkeit auf deinen Atem. Versuche nicht, deine Atmung zu kontrollieren. Beobachten Sie einfach den Luftstrom in und aus Ihrer Nase. Beachten Sie das Gefühl von Lufttemperatur und Bewegung durch die Nase.

7. Nach ein paar Minuten ist es Zeit, wirklich zu meditieren. Die einfachste Form der Achtsamkeitsmeditation besteht darin, den Atem zu zählen. Zählen Sie beim nächsten Ausatmen im Kopf: "Eins." Zählen Sie bei Ihrer nächsten Inhalation zwei. Konzentrieren Sie sich weiterhin auf Ihre Atmung und zählen Sie jedes Ein- und Ausatmen, bis Sie 10 Jahre alt sind. Beginnen Sie an diesem Punkt noch einmal um eins.

8. Jedes Mal, wenn Sie während des Zählens Ihre Gedanken schweifen lassen - und das wird es auf jeden Fall -, lenken Sie Ihre Aufmerksamkeit wieder auf Ihre Atmung und beginnen Sie von vorne. Beurteile dich nicht selbst, ärgere dich

nicht und gib nicht auf, nur weil der Affenverstand ins Spiel gekommen ist. Jeder erfährt dies während der Meditation, egal wie lange er geübt hat.
9. Machen Sie sich zu Beginn keine Sorgen über die Länge Ihrer Meditationssitzung. Setzen Sie sich und zählen Sie Ihre Atemzüge, bis Sie sich entspannt fühlen. Wenn sich Ihre Übung jedoch vertieft, möchten Sie beginnen, Ihre Sitzungen zeitlich zu planen und sie möglicherweise langsam zu erhöhen. Ein gutes Ziel sind 20 Minuten Meditation pro Tag, aber wenn Sie nur die Zeit oder den Wunsch für 10 Minuten, fünf Minuten oder sogar drei Minuten haben, ist das vollkommen in Ordnung.
10. Öffnen Sie vorsichtig Ihre Augen, wenn Ihre Sitzung abgeschlossen ist, und stehen Sie langsam auf. Dehnen Sie Ihren gesamten Körper und genießen Sie das Gefühl der konzentrierten Ruhe.

4.1 Eine einfache Meditationspraxis

Sitzen Sie bequem. Suchen Sie sich einen Platz, an dem Sie einen stabilen, festen und bequemen Sitz haben.

Beachten Sie, was Ihre Beine tun. Wenn Sie sich auf einem Kissen befinden, kreuzen Sie Ihre Beine bequem vor sich. Wenn Sie auf einem Stuhl sitzen, legen Sie die Füße auf den Boden.

Begradigen Sie Ihren Oberkörper - aber versteifen Sie sich nicht. Ihre Wirbelsäule hat eine natürliche Krümmung. Lass es da sein.

Beachten Sie, was Ihre Arme tun. Positionieren Sie Ihre Oberarme parallel zu Ihrem Oberkörper. Legen Sie die Handflächen auf Ihre Beine, wo es sich am natürlichsten anfühlt.

Mildere deinen Blick. Lass dein Kinn ein wenig sinken und lass deinen Blick sanft nach unten fallen. Es ist nicht notwendig, die Augen zu schließen. Sie können einfach das, was vor Ihren Augen erscheint, dort sein lassen, ohne sich darauf zu konzentrieren.

Fühle deinen Atem. Lenken Sie Ihre Aufmerksamkeit auf das körperliche

Gefühl des Atmens: die Luft, die sich durch Ihre Nase oder Ihren Mund bewegt, das Auf- und Absteigen Ihres Bauches oder Ihrer Brust.

Beachten Sie, wenn Ihr Geist aus Ihrem Atem wandert. Unweigerlich verlässt Ihre Aufmerksamkeit den Atem und wandert zu anderen Orten. Mach dir keine Sorgen. Es besteht keine Notwendigkeit, das Denken zu blockieren oder zu eliminieren. Wenn Sie bemerken, dass Ihre Gedanken sanft wandern, richten Sie Ihre Aufmerksamkeit wieder auf den Atem.

Sei nett zu deinen wandernden Gedanken. Sie können feststellen, dass Ihre Gedanken ständig wandern - das ist auch normal. Anstatt mit deinen Gedanken zu ringen, übe, sie zu beobachten, ohne zu reagieren. Setz dich und pass auf. So schwierig es auch ist, das ist alles, was es gibt. Kommen Sie immer und immer wieder zu Atem, ohne zu urteilen oder zu erwarten.

Wenn Sie bereit sind, heben Sie vorsichtig Ihren Blick (wenn Ihre Augen geschlossen sind, öffnen Sie sie). Nehmen Sie sich einen Moment Zeit und bemerken Sie alle Geräusche in der Umgebung. Beachten Sie, wie sich Ihr Körper jetzt anfühlt. Beachten Sie Ihre Gedanken und Gefühle.

4.2 Arten der Meditation und wie man sie praktiziert.

Einige Meditationstechniken werden in nahezu jeder Gemeinde auf der ganzen Welt praktiziert. Nach alter Tradition ist Meditation in der heutigen geschäftigen Welt so aktuell wie nie zuvor. Es kann uns zu einem Gefühl der Ruhe und inneren Harmonie führen und uns helfen, mit dem Druck des Alltags umzugehen. Meditation durchdringt verschiedene Religionen und Kulturen. Es geht weniger um den Glauben, dem wir uns verschrieben haben, als vielmehr darum, aufmerksamer, zielgerichteter und friedlicher zu werden. bewussteres Denken, Sprechen und Handeln; und mehr darauf abgestimmt, wie sich unsere Entscheidungen auf andere auswirken.

Es hat sich auch wissenschaftlich erwiesen, dass Meditation ein hilfreiches Instrument bei der Bekämpfung chronischer Krankheiten wie Depressionen, Herzerkrankungen und chronischen Schmerzen sein kann.

Wenn Sie sich für Meditation interessieren, aber nicht wissen, wo Sie anfangen sollen, finden Sie hier eine Liste einiger Arten von Meditationsübungen:

4.2.1 Passive Meditation

Passive Meditation kann in Situationen eingesetzt werden, in denen aktive Meditationsformen nicht ideal sind. Es sind einfache Techniken, die Ihre Gehirnströme senken und Sie tief entspannen.

Das Bewusstsein des Atems ist die häufigste Form der passiven Meditation. Das einfache Beobachten des Atems reduziert Stress, klärt den Geist und beruhigt den Körper. Sie können es ausprobieren, wenn Sie das nächste Mal im Stau oder in einer langen Schlange bei der Post stehen.

4.2.2 Achtsamkeitsmeditation

Achtsamkeitsmeditation ist der Prozess der vollständigen Präsenz Ihrer Gedanken. Achtsam zu sein bedeutet, sich bewusst zu sein, wo Sie sich gerade befinden und was Sie gerade tun, und nicht übermäßig auf das zu reagieren, was um Sie herum vor sich geht.

Achtsame Meditation kann überall durchgeführt werden. Manche Leute bevorzugen es, an einem ruhigen Ort zu sitzen, die Augen zu schließen und sich auf ihre Atmung zu konzentrieren. Sie können sich jedoch entscheiden, zu jedem Zeitpunkt des Tages aufmerksam zu sein, auch während Sie zur Arbeit fahren oder die Hausarbeit erledigen.

Wenn Sie Achtsamkeitsmeditation praktizieren, beobachten Sie Ihre Gedanken und Gefühle, lassen Sie sie jedoch ohne Urteilsvermögen passieren.

Wie man Achtsamkeitsmeditation macht:

1. Setzen Sie sich zunächst bequem hin und schließen Sie die Augen.
2. Konzentriere dich auf das Atmen. Atme langsam durch die Nase ein und langsam aus.
3. Wenn ablenkende Gedanken in Ihr Bewusstsein eindringen, beurteilen Sie sie nicht und halten Sie sich nicht daran fest. Lassen Sie jeden Gedanken los, aber konzentrieren Sie sich nicht auf das Aufhören des Denkens. Konzentriere sie sich vielmehr auf das Atmen.
4. Behandeln Sie alle körperlichen Empfindungen und Gefühle so, wie Sie Gedanken machen: Registrieren Sie sie, lassen Sie sie los und kehren Sie zum Atmen zurück.

4.2.3 Intuitiv Meditation
Diese Art der Meditation wird verwendet, um Intuition / Inspiration zu erschließen.
Bei der intuitiven Meditation geht es oft darum, in die Theta-Gehirnwellenebene einzutreten und in einen Halbschlafzustand zu gelangen, um auf intuitive Gedanken zuzugreifen.

Die hypnotischen, psychedelischen und traumhaften Geisteszustände sind übliche Theta-Gehirnwellenzustände. In diesen Zuständen kann auf die unbewussten Informationen zugegriffen werden, die wir speichern (aber nicht bewusst abrufen können).
Theta-Staaten sind entscheidend für die Erschließung der Intuition.

1. Kreative Visualisierung
Kreative Visualisierung wird häufig zur Visualisierung von Zielen verwendet und wissenschaftlich validiert, um die Leistung im Sport zu verbessern.
Wenn Sie diese Art der Meditation betreten, schalten Sie im Grunde genommen einen Inkubator für Ihre Träume ein. Kreative Visualisierung ist jedoch nicht nur eine intensive Visualisierung Ihrer Träume, sondern nutzt alle Ihre Sinne, um zu sehen, zu riechen, zu schmecken, zu hören und zu fühlen, als wären sie bereits manifestiert.
a. Um mit visuellen Bildern zu meditieren, üben Sie Folgendes:

1. Identifizieren Sie Ihr gewünschtes Ergebnis. Möchten Sie sich zum Beispiel in Ihrem Geist und Ihren Emotionen geerdeter und ruhiger fühlen? Oder möchten Sie sich Ihren physischen Körper als gesund, lebendig und stark vorstellen? Oder sehnen Sie sich danach, Kunst zu schaffen, Gedichte zu schreiben, in einer neuen Beziehung zu sein oder ins Ausland zu reisen?
2. Erstellen Sie eine interne Darstellung dessen, wie dies aussieht, klingt und sich anfühlt. Machen Sie es so real und überzeugend wie möglich.
3. Treten Sie in einen meditativen Zustand ein, indem Sie sich entspannen und ein paar tiefe Atemzüge machen und dann das Bild in Ihr Bewusstsein bringen. Binden Sie sich in das Bild ein, indem Sie es betreten und sich fühlen, als wäre es bereits geschehen.
4. Wenn es Zeit ist, aus der Meditation auszusteigen, lassen Sie das Bild einfach in der Ferne verschwinden und geben Sie jede Bindung an das Ergebnis auf.

5. Meditiere auf diese Weise jeden Tag zwischen 10 und 15 Minuten.

2. Atem-Bewusstseins-Meditation
Atembewusstsein ist eine Art von achtsamer Meditation, die das achtsame Atmen fördert.
Atem-Bewusstseins-Meditation ist eine einfache Übung, um einen bequemen Sitz zu finden, die Augen zu schließen und Ihre Aufmerksamkeit auf das Ein- und Ausatmen Ihres Atems zu lenken. Atembewusstsein ist ein wirksames Mittel, um eine stärkere Verbindung zwischen Geist und Körper herzustellen und Stress abzubauen. Diese Form der Meditation kann Ihre bevorzugte tägliche Meditationspraxis sein und ist auch eine äußerst nützliche Methode, um Sie bei Anspannungen am Arbeitsplatz und zu Hause zu beruhigen.

a. Wie man Atembewusstseinsmeditation übt
Die Praktizierenden atmen langsam und tief, zählen ihre Atemzüge oder konzentrieren sich auf andere Weise auf

ihre Atemzüge. Das Ziel ist es, sich nur auf das Atmen zu konzentrieren und andere Gedanken, die in den Geist eindringen, zu ignorieren.

3. Geführte Meditation
Diese Art der Meditation hilft Ihnen, sich ein zukünftiges Ziel vorzustellen, das Ihnen real erscheint, und hilft Ihnen, es zu erreichen.
Für Anfänger bieten audio-gesteuerte Meditationen Schritt-für-Schritt-Anleitungen, die helfen, Meditation auf einfache und nicht einschüchternde Weise einzuführen.
Erfahrene Meditierende können auch von geführten Meditationsprogrammen profitieren, da sie unterschiedliche Perspektiven und Ansätze aufzeigen können, die dem eigenen Bewusstsein entgangen sein könnten.
Da es viele Arten von geführten Meditationen gibt, ist es wichtig, sich klar darüber zu sein, wonach Sie suchen. Unabhängig von Ihren Zielen werden Sie

wahrscheinlich eine geführte Meditation finden, die Ihren Bedürfnissen entspricht.

a. Wie man geführte Meditation macht:

1. Wenn Sie ein Smartphone verwenden, informieren Sie sich über Meditations-Apps, die zum Herunterladen verfügbar sind.

2. Sie können auch auf geführte Meditationen auf YouTube zugreifen. Zum Beispiel hat das Kundalini-Erwachen eine geführte Kundalini-Meditation

3. Befolgen Sie die Anweisungen zur geführten Meditation bis zu einem T, ohne ein Urteil abzugeben. Sobald Sie die geführte Meditation gemeistert haben, können Sie selbstständig meditieren.

4. Liebevolle Meditation

Liebevolle Güte, auch Metta-Meditation genannt, stammt aus dem Theravada-Buddhismus. Bei Metta geht es darum, bestimmte Gefühle und Gedanken zu lenken.

Die Liebevolle-Güte-Meditation zielt darauf ab, vier Liebesqualitäten zu kultivieren: Freundlichkeit (Metta), Mitgefühl (Karuna), anerkennende Freude (Mudita) und Gleichmut (Upekkha). Die Qualität von Metta oder Freundlichkeit wird als echtes Mitgefühl ausgedrückt, das ausgesandt wird, um uns selbst und andere mit liebevoller Güte zu umgeben. Bei allem, was heute auf der Welt geschieht, ist die Metta-Meditation eine lohnende Übung für jeden von uns, um jeden Tag etwas Zeit zu verbringen. Dieser Meditationsstil eignet sich auch als Einstiegspunkt für das Üben von Vergebung und kann ein wirksames Instrument sein, um die Ladung negativer Emotionen gegenüber denjenigen zu verringern, die uns Unrecht getan haben.

b. Wie man Liebevolle-Güte-Meditation macht:

1. Setzen Sie sich in eine bequeme Position und schließen Sie die Augen.
2. Direkte Gedanken und Gefühle des vollständigen Wohlbefindens und der bedingungslosen Liebe zu dir.
3. Wenn Sie in ausreichend langen Sitzungen Liebesgüte auf sich selbst

gerichtet haben, um Freude zu empfinden, wählen Sie einen engen Freund oder Verwandten aus und leiten Sie die Liebesgüte auf ihn.
4. Direkte Liebenswürdigkeit zu einem neutralen Bekannten
5. Direkte Liebesgüte für jemanden, den du nicht magst.
6. Gehe nach außen, bis du dem Universum Liebenswürdigkeit schickst. Sie werden Freude empfinden und keinen Ärger haben

4. Körperscan oder progressive Entspannung

Progressive Entspannung, manchmal auch als Body-Scan-Meditation bezeichnet, ist eine Meditation, die Menschen ermutigt, ihren Körper nach Spannungsbereichen abzusuchen. Ziel ist es, Spannungen wahrzunehmen und abbauen zu lassen.
Während einer progressiven Entspannungssitzung beginnen die Praktizierenden an einem Ende ihres Körpers, normalerweise an ihren Füßen,

und arbeiten sich durch den gesamten Körper.

Progressive Entspannung kann dazu beitragen, das allgemeine Gefühl der Ruhe und Entspannung zu fördern. Es kann auch bei chronischen Schmerzen helfen. Weil es den Körper langsam und stetig entspannt, verwenden manche Menschen diese Form der Meditation, um ihnen beim Schlafen zu helfen.

a. So üben Sie Körperscan Meditation:

1. Beginnen Sie mit Sitzen, Stehen oder Liegen und schließen Sie die Augen, wenn dies zu mehr Ruhe beiträgt.

2. Welche Oberfläche Sie auch berühren, achten Sie darauf, wie sich Ihr Gewicht dagegen anfühlt.

3. Atmen Sie mehrmals tief durch die Nase und achten Sie beim Ausatmen auf Ihre Entspannung.

4. Beachten Sie nun die Empfindungen in jedem Körperteil. Sie können alles notieren, was Ihnen zuerst einfällt, oder mit Ihren Füßen beginnen und sich nach oben bewegen.

5. Wenn in einem Teil Ihres Körpers Spannungen auftreten, lösen Sie diese mit Ihren Ausatmungen.

6. Beachten Sie Ihren gesamten Körper. Atme ein, erlebe völlige Entspannung und wenn du soweit bist, öffne deine Augen.

5. Transzendentale Meditation

Transzendentale Meditation ist eine spirituelle Form der Meditation, bei der die Praktizierenden sitzen bleiben und langsam atmen. Das Ziel ist es, den gegenwärtigen Sein-Zustand der Person zu überschreiten oder zu übertreffen.

Während einer Meditationssitzung konzentrieren sich die Praktizierenden auf ein Mantra oder ein wiederholtes Wort oder eine Reihe von Wörtern. Ein Lehrer bestimmt das Mantra auf der Grundlage einer Reihe komplexer Faktoren, darunter manchmal das Geburtsjahr des Praktizierenden und das Ausbildungsjahr des Lehrers.

Eine Alternative ermöglicht es den Menschen, ihr Mantra zu wählen. Diese zeitgemäßere Version ist technisch gesehen keine Transzendentale Meditation, obwohl sie im Wesentlichen ähnlich aussehen mag. Ein Praktizierender könnte beschließen, während der Meditation zu wiederholen: "Ich habe keine Angst davor, öffentlich zu sprechen." Menschen, die Transzendentale Meditation praktizieren, berichten sowohl von spirituellen Erfahrungen als auch von erhöhter Achtsamkeit.

a. Wie man transzendentale Meditation praktiziert

Um transzendentale Meditation zu üben, finden Sie eine bequeme Position, atmen langsam und konzentrieren sich auf ein Mantra.

Normalerweise praktizieren Sie diese Meditation mit einem Lehrer, der Ihnen das Mantra gemäß Ihren Bedürfnissen gibt.

6. Vipassana-Meditation

Vipassana-Meditation ist eine alte indische Meditationsform, die bedeutet, Dinge so zu sehen, wie sie wirklich sind. Es wurde vor mehr als 2.600 Jahren in Indien unterrichtet. Die Achtsamkeitsmeditationsbewegung in den Vereinigten Staaten hat Wurzeln in dieser Tradition.

Das Ziel der Vipassana-Meditation ist die Selbsttransformation durch Selbstbeobachtung. Dies wird durch disziplinierte Aufmerksamkeit auf körperliche Empfindungen im Körper erreicht, um eine tiefe Verbindung zwischen Geist und Körper herzustellen. Die ständige Vernetzung führt zu einem ausgeglichenen Geist voller Liebe und Mitgefühl, wie es die Lehrer der Praxis behaupten.

a. So üben Sie Vipassana-Meditation:

1. Setzen Sie sich mit aufrechtem Rücken, geradem Rücken und gekreuzten Beinen auf ein Kissen.

2. Konzentrieren Sie sich auf die Atmung und die Bewegung des Atems

durch die Nasenlöcher; oder konzentrieren Sie sich auf das Heben und Senken des Bauches.

3. Wenn Emotionen, Empfindungen, Gedanken und Geräusche auftauchen, lassen Sie sie dies tun, ohne auf sie zu achten. Konzentrieren Sie sich weiterhin auf das Atmen und lassen Sie andere Dinge zu Hintergrundgeräuschen werden.

4. Wenn eine Wahrnehmung Ihre Aufmerksamkeit auf sich zieht, notieren Sie sie und beschriften Sie sie. Zum Beispiel ist ein bellender Hund "Stimme". Das Hupen eines Autos ist "Verkehr". Ein Gedanke an etwas Trauriges in Ihrem Leben ist "Denken".

5. Nachdem Sie etwas markiert haben, lassen Sie es los und kehren Sie zu Ihrem Atem zurück.

Kapitel 11: Die gewünschte Wirkung durch Meditation auf den Körper

Die Neurowissenschaft forscht schon seit Jahrzehnten welche Wirkung Meditation auf den Geist haben kann. Auch auf die Wirkungsfähigkeit des Körpers kommen immer mehr Erkenntnisse der Wissenschaft zum Vorschein.

Die Wirkung von Meditation ist nicht bei jedem Menschen gleich. Einige Menschen spüren bereits nach einer kurzen 5-minütigen Meditation eine deutliche Verbesserung und andere Menschen erst, wenn sie mehrmals am Tag meditieren.

Wie sich Meditation auf den Körper und den Geist auswirkt, ist auch davon abhängig mit welcher Hingabe und Aufmerksamkeit man diese Meditation durchführt. Unter Zeitdruck sollte man niemals meditieren. Richtige Meditationszeiten wie der frühe Morgen oder abends nach der Arbeit können sehr hilfreich sein.

In den nächsten Abschnitten wollen wir uns intensiver damit beschäftigen welche Wirkung Meditation auf den Körper haben kann.

Vielleicht finden Sie auch für sich selbst einige Gründe, um mit dem Meditieren früher anzufangen.

Nr.1 - Besserer Schlaf
Immer mehr Menschen in Deutschland beklagen sich über einen schlechten Schlaf. Junge Leute zwischen 15 und 23 sind auch davon betroffen, da sie der Stress in der Schule oder Uni überfordert.

Ein schlechter Schlaf kann einen nicht nur mental beeinträchtigen, sondern auch langfristige körperliche Schäden haben. Wenn der Schlaf sich nach einer gewissen Zeit nicht bessert, machen sich die meisten Menschen auf dem Weg zum Arzt.

So versuchen die meisten Menschen mit Hilfe von Schlaftabletten ihren Schlaf zu kompensieren auch, wenn diese langfristig stark abhängig machen können. Stress, negative Gefühle und zu viele Gedanken sind die häufigsten Gründe für einen schlechten Schlaf. Wenn man sich im Bett noch Gedanken über eine stressige Situation macht, ist die Wahrscheinlichkeit groß, dass man keinen ruhigen und angenehmen Schlaf haben wird.

Meditation kann dabei helfen mit diesem emotionalen Problem umzugehen. 5 Minuten passive Meditation vor dem Schlafengehen sind genügend.

Nr.2 - Besseres Schmerzempfinden

Unser Schmerzempfinden sollte man nicht immer als etwas Negatives betrachten. In der Steinzeit hat das Schmerzempfinden dem Menschen das Überleben gesichert.

Das Problem der heutigen Zeit ist, dass das Gehirn physischen Schmerz nicht mehr von emotionalem Schmerz unterscheiden kann.

Wenn uns zum Beispiel ein Freund beleidigt dann werden die gleichen Hirnareale aktiviert wie, wenn uns jemand ins Gesicht schlagen würde. Ein überempfindliches Schmerzempfinden kann in der heutigen Zeit sogar nachteilig sein.

Zudem belastet es die Psyche. Verantwortlich für diese Emotionen ist vor allem die Amygdala, die zum limbischen System gehört. Es wird auch als Angstzentrum bezeichnet.

Die Neurowissenschaft hat belegt, dass sich die Amygdala während der Meditation verkleinert. Auf langfristige Sicht kann sich so auf das physische Schmerzempfinden bessern.

Nr.3 - Gesenkter Blutdruck
Blutdruck entwickelt sich in Deutschland zu einem immer größeren Problem. Auch die WHO (Weltgesundheitsorganisation) verweist höhere Zahlen.

Ein häufiger Grund für Blutdruck ist Stress. Stress kann im Körper die gleichen physischen Prozesse auslösen, die letztlich zu einem höheren Blutdruck führen.

Mit regelmäßiger Meditation kann man seinen eigenen Stress reduzieren und damit auch letztlich seinen Blutdruck senken.

Andere wichtige Komponenten wie eine gesunde Ernährung sollten Sie auch nicht außer Acht lassen.

Nr.4 - Ein besseres Immunsystem
Dass optimistische Menschen ein besseres Leben führen ist keine neue Erkenntnis. Auch das Immunsystem kann dadurch gestärkt werden.

Wenn wir jedoch häufiger gestresst sind, dann sind unsere Zellen auch anfälliger für Krankheiten. Eine regelmäßige Meditation von 5 bis 10 Minuten am Tag kann ausreichend, um das Immunsystem zu stärken.

Nr.5 - Niedriger Cholesterinspiegel
Nicht nur ungesunde Fette können zu einem höheren Cholesterinspiegel. Negative Gedanken, Gefühle und Stress sind mindestens genauso verantwortlich dafür.

Durch regelmäßige Meditation kann man seinen eigenen Cholesterinspiegel bis zu 30 mg/dl senken.

Wichtig ist, dass man nicht nach der ersten Meditation aufgibt, sondern es über einen längeren Zeitraum durchführt.

Nr.6 - Weniger Migräne und Kopfschmerzen
Nicht nur körperliche Faktoren können Migräne und Kopfschmerzen beeinflussen. Wenn man sich zu starke und intensive Gedanken um eine Sache macht, kann dies die gleiche Wirkung haben.

Negative Gedanken können langfristig sogar zu chronischer Migräne führen.

Meditation hilft diesen Gedankenfluss zu beenden und auch die eigenen Kopfschmerzen und die eigene Migräne zu verbessern.

Kapitel 12: Profi Ausstattung

„Meditation ordnet die Gedanken und verleiht mehr Gelassenheit."

— Franz Schmidberger

Die Meditation kann sich jeder natürlich so gemütlich gestalten, wie er möchte. Ich habe mich anfangs auf eine einfache Gymnastikmatte gesetzt, bis mir meine vier Buchstaben weh taten. Erst dann habe ich mich mit dem Gedanken beschäftigt, dass es vielleicht so etwas wie eine Profiausstattung gibt, die alles vereinfacht und erleichtert. Und natürlich gibt es diese. Ich möchte Euch natürlich auch bei diesem Thema weiterhelfen und zeige Euch die interessantesten Produkte.

Meditationskissen

Natürlich könnt Ihr jedes Kissen verwenden, das Ihr wollt. Schließlich ist es beim Meditieren sehr wichtig, dass Ihr bequem sitzt, weshalb ja auch eine bequeme Kleidung empfohlen wird. Gleiches gilt für die Sitzunterlage. Es gibt mittlerweile spezielle Meditationskissen, die nicht nur schön aussehen, sondern auch mit besonderen Stoffen befüllt werden. Diese Stoffe sollen dazu beitragen, das Meditationsergebnis zu erhöhen. Aus diesem Grund wird öfter Buchweizenschale verwendet. Bezüglich der Größe werden diese Kissen so gefertigt, dass sie sich perfekt jeder Sitzposition anpassen. Selbstverständlich gibt es hier verschiedene Modelle zu kaufen, die unterschiedlich groß und auch unterschiedlich dick sind. Alle Kissen haben jedoch eines gemeinsam: Sie sollen das Meditieren fördern und für eine aufrechte Körperhaltung sorgen. So gibt es spezielle Kissen, die beim Schneidersitz seitlich verwendet werden. Auf diese Weise kann man seine Knie bequem auf das Kissen legen, anstatt diese entweder in der Höhe zu halten oder auf dem harten Boden abzulegen.

Meditationsstuhl

Der Meditationsstuhl stellt eine Abwandlung eines normalen Stuhles dar. Dieser besondere Stuhl liegt direkt am Boden auf, besitzt also keine Füße. Er wurde aber mit einer Sitzfläche und mit einer Rückenlehne ausgestattet. Der Stuhl lässt sich jederzeit zusammenklappen und somit überall mit hin nehmen. Der Sinn dieses Stuhles besteht darin, dass hier der Rücken automatisch gerade gehalten wird – die Voraussetzung dafür, dass der Energiefluss im Körper funktioniert.

Yogamatten
Yogamatten sind nicht nur bequem, sie werden immer in einer besonderen Farbe und mit einem besonderen Muster hergestellt. Die Farben und die Muster werden natürlich stark an die Gefühle angelehnt, die beim Meditieren entstehen. Sie sollen ebenso wie ein spezielles Meditationskissen helfen, sich in die Technik einzufühlen. Des Weiteren beruhigen die Farben und die Muster sind in der Lage, bestimmte Energiezentren zu steigern. Yogamatten sind im Vergleich zu

Meditationskissen etwas länger gefertigt, damit man sich darauf auch hinlegen kann. Die Kissen hingegen eignen sich nur für das Daraufsitzen. Einen weiteren Unterschied weisen die Matten auf: Sie sind rutschfest. Perfekt, um verschiedene Bewegungen darauf auszuführen.

Meditationsuhren
Dank der Meditationsuhren kann jeder beim Meditieren Raum und Zeit vergessen. Die Uhr aktiviert dann wie eingestellt den Wecker, damit man den Meditationsvorgang beenden kann. Natürlich gibt es auch Uhren, die zwischendurch einen Ton von sich geben. Auf diese Weise kann man zum Beispiel die Atmung auf das nächste Chakra verlegen.

Meditationsdecken und Schals
Insbesondere beim Meditieren der Stille kann es passieren, dass man auskühlt. Schließlich sitzt man bewegungslos über einen längeren Zeitraum. Um dem Auskühlen entgegenzuwirken, gibt es

spezielle Meditationsdecken und Schals, die einen von außen wärmen. Zugleich fühlt man sich eingewickelt sicher und geborgen – die beste Voraussetzung zum Meditieren. Viele nutzen die Decke auch dann, wenn sie sich nach einer aktiven Meditation in die Ruhephase begeben und sich hinlegen. Nachdem hier der Körper zuvor erwärmt wurde, ist die Decke hier besonders sinnvoll. Logischerweise kommen die Decken auch dann zum Einsatz, wenn man in im Freien meditiert.

Meditation Apps

Das bisher von mir vorgestellte Zubehör gibt es schon lange – fast so lange wie die Meditation selbst. Es gibt aber noch ein anderes Zubehör, das relativ neu ist und sich der heutigen modernen Welt angepasst hat: Meditation Apps. Logischerweise sind bereits viele Programmierer auf diesen Zug aufgestiegen und haben Meditations Apps erstellt. Das Resultat: Es gibt viele verschiedene Apps, die sich für unterschiedliche Zwecke eignen.

So gibt es beispielsweise kleine Apps, die per Gongschlag die Meditation einläuten und nach einer voreingestellten Zeit mit einem musikalischen Ton die Meditation wieder beenden. Alternativ hierzu gibt es Apps, die man bezüglich der Zeit selbst einstellen kann – sie funktionieren sozusagen wie ein Wecker.

Viele Meditationsapps leiten die Meditierenden an. Das heißt, dass eine männliche oder weibliche Stimme Anweisungen erteilt, die der Meditierende dann ausführt. Oft sind diese Apps dann noch mit leiser Musik untermalt. Viele Apps bieten verschiedene Meditationstechniken an, die per Stimme angeleitet werden. Einige Versionen erfragen den Nutzer vorher nach dessen momentanen Stimmung und weiteren Kriterien. Anschließend schlagen diese dann eine Meditationsart vor.

Nicht zuletzt möchte ich noch die Apps erwähnen, die den Nutzer regelmäßig an das Meditieren erinnert. Teilweise speichern diese Programme den Fortschritt und bauen die nächste Meditationssitzung darauf auf.

Alle Meditations-Apps, die es derzeit gibt, können genutzt werden, um seinen eigenen Fortschritt zu kontrollieren oder um sich an die nächste Sitzung erinnern zu lassen. Insbesondere diejenigen, die einen stressigen Arbeitsalltag haben, profitieren von diesen Apps. Denn je mehr Stress man hat, umso eher vergisst man die Meditation. Aber genau dann ist die Meditation umso sinnvoller, um immer wieder vom Stress wegzukommen.

Aber auch Fortgeschrittene profitieren von den Meditations Apps – zumindest von den angeleiteten und denjenigen, die unterschiedliche Meditationsarten enthalten. Mit Sicherheit sind einige Varianten darunter, die der Nutzer noch nicht kennt. Ebenfalls schadet zwischendurch eine angeleitete Meditation nicht, denn auch die Profis können noch einiges davon lernen.

Wichtig bei der Auswahl der Meditationsapp ist die Aufmachung. Die meisten Apps lehnen sich natürlich stark an das Thema an und richten sich bezüglich der Symbole, des Designs und der Farben an das erwartete Ergebnis: Innere Ruhe, kein Stress und Gelassenheit. Zu beachten ist noch die Sprache, in der die Apps erstellt worden sind. Denn viele gibt es nur in englischer Sprache.

Des Weiteren sollte noch ein Punkt beachtet werden: Normalerweise sollen beim Meditieren alle Geräte abgeschaltet werden, um nicht gestört zu werden. Dies gilt normalerweise auch für das Handy. Wer die Apps nutzen will, muss das Handy jedoch eingeschaltet lassen. Aber bitte daran denken: Telefonate, Whatsapp und SMS ausschalten, damit nicht aus Versehen eine Nachricht eingeht.

Abgesehen von diesen Produkten darf sich jeder eine eigene Meditationsecke in der Wohnung kreieren. Diese Ecke kann stilvoll mit Kerzen und Dekorationen ausgestattet werden. Wer möchte, darf sich für stimmungsvolle Gardinen entscheiden – der Kreativität werden hier keine Vorschriften gemacht. Nur eine Tatsache ist wichtig: Das Meditationseck soll gemütlich sein. Man soll sich dort so wohlfühlen, dass das Meditieren leicht von der Hand fällt und dass sich darauf freut.

Ich selber habe viele verschiedene Apps ausprobiert und kann dir Stand Heute die folgende App empfehlen: Calm: Mediation to Relax, Focus & Sleep Better

Leider auf englisch, dafür aber sehr schön ...

Schlussgedanken

Meditationskissen, Stühle, Matten und Decken führen zu einem höheren Komfort beim Meditieren. Ob man diese nutzt oder nicht, bleibt jedem selbst überlassen. Fakt ist jedoch, dass man mit einer bequemen Haltung ein besseres Meditationsergebnis erzielt. Denn die speziellen Sitzkissen führen automatisch zu einem perfekten Sitz, ohne dass man einen Gedanken daran verschwenden muss. Somit steht die geistige Kraft komplett der Meditation zur Verfügung.

Meditationsapps hingegen helfen während der Meditation. Diese können genutzt werden, um die Meditation einzuläuten und zu beenden. Ferner speichern viele Apps den Fortschritt und erinnern automatisch an die nächste Sitzung und bieten eine individuelle Zeit an. Mit angeleiteten Apps kann man bisher unbekannte Techniken erlernen. Eine Meditationsapp kann wie ein persönlicher Couch genutzt werden.

Ich möchte diesen Ratgeber mit einem kleinen Apell an dich abschließen. Die schönste Matte, die beste App, die sorgfältigste Planung bringen alles nichts, wenn du es am Ende des Tages doch nicht tust.

Meditieren tut dir gut und sollte eine feste Konstante in deinem Leben werden. Doch wie mit allem Neuen: Gewohnheiten erfordern Disziplin und mit Übung kommt der Meister.

Plane das Meditieren fest ein und du wirst dich schon bald all der positiven Eigenschaften erfreuen, die es mit sich bringt und auch in den Genuss eines ruhigen und ausgeglichenen Lebens kommen, wie all die vielen anderen Menschen, die das Meditieren erfolgreich für sich entdeckt haben.

Kapitel 13: Die 3 besten Meditationstechniken für Zwischendurch

In diesem abschließenden Kapitel möchte ich Dir noch die 3 besten Meditationstechniken für Zwischendurch an die Hand geben. Beachte bitte, dass diese Meditationstechniken allesamt lediglich als Ergänzung zur bereits vorgestellten Übung gelten.

Und vor allem: All diese Techniken haben das Ziel, Dich auch abseits der Übungszeit deutlich achtsamer und aufmerksamer durch den Alltag gehen zu lassen. Denn Du würdest ja auch nicht den Großteil des Tages blind herumlaufen und nur während Deiner Übungszeit „sehen" wollen, oder?

(Hierzu kannst Du es Dir zur Aufgabe machen, täglich eine neue Sache auf Deinem Weg zu Arbeit, Uni und Co. Zu entdecken. Das kann ein neues Straßenschild, ein tolles Graffiti, aber auch ein neues Plakat sein. Diese Beobachtungen führen jedoch allesamt dazu, dass Du aus dem Gedankendschungel in die Realität zurückkehrst).

Doch jetzt zu den Übungen:

1. Die dynamische Meditation

Wenn Du bis hierhin aufmerksam gelesen hast, wird Dir bereits mehrfach aufgefallen sein, dass Meditation nicht zwangsläufig im Sitzen erfolgen muss. Du kannst auch wunderbar bei verschiedenen Tätigkeiten meditieren und musst dazu nur vollkommen im gegenwärtigen Augenblick verweilen.

Die Übung, die ich Dir jetzt vorstelle, verbindet genau diese beiden Elemente und ermöglicht es Dir somit, beim Gehen zu meditieren.

Zunächst solltest Du diese Übung zuhause ausführen, da Du dort mit Sicherheit die wenigste Ablenkung hast. Je besser Du jedoch in der Übung wirst, desto besser kannst Du sie auch unterwegs ausführen.

Als Erstes ist es wichtig, dass Du Dich wiederum vollkommen auf die Übung fokussierst und dabei Deine Aufmerksamkeit auf die Übung richtest. Nimm jede Bewegung, die Du gleich ausführen wirst, zu 100 Prozent wahr und achte genau auf sie. Sobald Du merkst, wie Dein Fokus abschweift, führe ihn wie bereits oben beschrieben sanft zur Übung zurück.

Konzentriere Dich als Nächstes ganz auf Deinen Gang. Mache einen Schritt nach dem anderen und gehe dabei ganz natürlich. Nicht langsamer, schneller, anmutender oder besonders, einfach ganz normal. Spüre jeden Schritt Deiner Bewegung und merke, wie Deine Muskeln kontrahieren und sich wieder entspannen. Fühle, wie Du Dein Gewicht von einem Bein auf's andere verlagerst und wie Dein Fuß Halt auf dem Boden findet.

Dies geht am besten, wenn Du diese Übung barfuß durchführst.

Bei der Atmung, während der Übung, solltest Du lediglich beachten, dass diese vergleichsweise tief sein und Dich zudem entspannen sollte. Dies geht am besten, wenn Du ganz natürlich atmest und das Ausatmen ein wenig länger hältst als das Einatmen.

Führe diese Übung in der beschriebenen Art und Weise für einige Minuten durch, bis Du merkst, dass Du über längere Zeit im „Flow" bleibst und Dein Fokus nicht mehr abschweift. Wenn Du spürst, dass sich Dein Geist deutlich beruhigt hat und die Gedanken sporadischer werden, kannst Du die Übung erfolgreich abschließen, indem Du ein letztes Mal tief ein- und ausatmest und Dir Deine Umgebung einmal genau anschaust. Die hierfür benötigte Zeit hängt von Dir persönlich ab.

2. Die Lichtkugel-Meditation

Bei dieser Meditation handelt es sich um eine tolle Übung, um negative Gefühle und emotionale Blockaden aufzulösen.

Ziehe Dich an einen ruhigen Ort zurück, setze Dich im Schneidersitz hin, atme einige Male tief in Deinen Bauchraum und schließe die Augen. Stelle Dir nun vor, wie nur wenige Zentimeter über Deinem Kopf eine Lichtkugel schwebt. Konzentriere Dich vollkommen auf diese Kugel, bis sie vor Deinem geistigen Auge Gestalt annimmt.

Wenn Du diese Kugel fast schon sehen kannst, stell Dir vor, wie sie langsam durch Deinen Scheitel bis tief in Deinen Bauchraum fährt und das Licht von dort aus langsam durch Deinen gesamten Körper strömt und Dich mit Wärme und positiver Energie auflädt. Wie sie sich langsam von Deinem Bauchraum bis tief in jedes einzelne Glied Deines Körpers ausbreitet - von den Fingern bis hin zu Deinen Zehenspitzen.

Führe diese Übung so lange fort und verweile so lange in dieser Vorstellung, wie Du Dich gut damit fühlst.

3. Die Vipassana-Meditation

Bei dieser Meditation musst Du Dich zunächst erneut auf Deinen Atem konzentrieren. Schließe zur besseren Vorstellung Deine Augen und stelle Dir, während Du tief in Deinen Bauchraum atmest, vor wie der Atem Deinen gesamten Körper mit Sauerstoff durchströmt.

Dies dient erneut dazu, Dich von lästigen Gedanken zu befreien und hilft Dir bei der Vorbereitung auf die bevorstehende Übung.

Diese Meditation konzentriert sich darauf, bestimmte Einzelempfindungen in Deinem Körper wahrzunehmen. Konzentriere Dich zur Einstimmung auf den Zeigefinger Deiner linken Hand, die Du zur

Entspannung in Deinem Schoß ablegen kannst.

Strecke Deinen Finger langsam aus und konzentriere Dich gänzlich auf ihn. Spüre dabei, wie das Blut im Takt Deines Herzens durch Deinen Finger pulsiert. Sobald Du es geschafft hast, Deinen Fokus voll auf Deinen Finger zu legen, geht es weiter:

Konzentriere Dich nun auf Deinen linken Fuß und auf Deine Zehen. Spüre in diesen das gleiche Gefühl aufkommen wie in Deinem Finger und probiere Deine Körperenergie, das Chi, in diese Richtung zu lenken und in Deinem Fuß zu konzentrieren. Wenn Dir dies gelingt, wirst Du spüren, wie ein warmes Gefühl im jeweiligen Körperteil auftritt.

Sobald Du dies spürst, ist es an der Zeit, Deinen Fokus langsam auf das nächste Körperteil zu verlagern. Lasse Deine Energie durch Deine Beine hin in Deinen anderen Fuß fahren und bündle dort Deine Energie.

Verweile dort für einen Augenblick und fahre auf diese Weise mit der Energie fort, durch Deinen Körper zu fahren: Erst in Deinem Bauchraum, anschließend durch Deinen Arm in Deine linke Hand, dann in die Rechte und immer so weiter, bis Du schließlich beim Kopf angelangt bist.

Sobald Du auf diese Weise Deinen gesamten Körper durchfahren hast, lasse diese Energie langsam wie eine Welle von ganz oben (Deinem Kopf) bis in Deine Füße fahren und wieder zurück. Je mehr Du Dich darauf konzentrierst und je mehr Du trainierst, desto schneller wird Dir dies gelingen.

Mache dies solange, wie es Dir ein gutes Gefühl gibt. Atme anschließend noch einmal tief durch und öffne Deine Augen.

Diese Meditation eignet sich besonders, um Krankheiten im Anflug zu bekämpfen und eine bessere Körperwahrnehmung zu erzielen.

Das waren sie auch schon - die 3 meiner Meinung nach effektivsten Meditationen (in Kombination mit der Grundmeditation). Wende diese regelmäßig in Kombination an und Du wirst schon bald eine Steigerung der beschriebenen Effekte wahrnehmen können.

Kapitel 14: Was verbindet Meditation und Schamanismus?

Der Schamanismus ist eng mit der Lehre der Meditation verknüpft. Bei beiden Techniken geht es darum, eine andere Bewusstseinsebene zu erfahren. Ein Schamane kann mit Hilfe uralter Rituale wieder zu innerem Einklang verhelfen. Im Unterschied zur Meditation geschieht dies allerdings in der geistigen Welt. Eine große Gemeinsamkeit ist die willentliche und bewusste Herbeiführung dieses Zustands. Der Schamanismus unterstützt dabei, sein Inneres zu finden und dadurch die Realität zu verbessern. Er kann dabei behilflich sein, Blockaden zu lösen, Kraft zu gewinnen und verschüttete Teile seiner Seele zu finden.

Man unterscheidet bei den verschiedenen Riten zwischen der oberen und der unteren Welt. Die obere Welt beschäftigt sich stark mit dem Bild des Himmels, wobei die untere Ebene stark mit der Erde verknüpft ist. Anders als bei der Meditation ist der Trance-Zustand eines Schamanen aber keine Reise in die reine Welt der Gedanken, sondern eine ganz bewusst vorgenommene Handlung. Sie ermöglicht Einblicke in einen spirituellen Kosmos, die dem menschlichen Auge verborgen ist. Diese Lehren gehen davon aus, dass jeder Mensch Helfer in dieser anderen Welt hat, die auf sämtliche irdischen Fragestellungen eine Antwort wissen. Während sich die Meditation eher mit dem Hier und Jetzt auseinandersetzt, werden derartige Rituale häufig für Rückführungen in längst vergangene Zeiten genutzt. Das ermöglicht auch den Kontakt zu Verstorbenen.

Eine weitere Gemeinsamkeit ist die enge Verbundenheit mit der jeweiligen Religion. Im Schamanismus geht es häufig darum, eine Gottheit oder die Natur "anzurufen" und um Beistand zu erbitten.
Doch wie auch beim Meditieren funktioniert das nur, wenn die innere Bereitschaft dazu mitgebracht wird.

Voraussetzung dafür ist das Vertrauen zu sich selbst und dem Gegenüber. Ein gut ausgebildeter Schamane weiß daher genau, welche Heilung man benötigt. Außerdem spürt er sehr schnell, ob der Behandlung zugesagt wird. Lässt sich die Person darauf ein, erfährt sie eine neue Kraft. Sie kann Blockaden und sogar tiefe Traumata lösen, sowie Antworten auf essentielle Fragen des Lebens geben. Eine Reise in die Welt des Schamanismus kann eine verirrte Seele anleiten, wieder den richtigen Weg zu finden.

Bei der Meditation ist man mit seinen Gedanken allein. Im Schamanismus hingegen erhält man Hilfe durch die geistige Welt. Man könnte es auch grob umschreiben als Selbstheilung und Fremdheilung. Allein durch Konzentration und Urvertrauen. Es sind zwar zwei verschiedene Richtungen – aber sie zielen auf eine gemeinsame Idee ab:

Mit sich selbst und der Welt ins Reine zu kommen.

Kapitel 15: wasser

WASSER-MEDITATION FÜR ANFÄNGER
Dauer: 15 Minuten
Bei dieser Meditation werden wir das Element Wasser mit einbeziehen. Dazu benötigst du vorbereitend eine Schüssel mit lauwarmem, klaren Wasser. Wenn du im Hintergrund gerne Musik haben möchtest, wähle möglichst etwas mit Wassergeräuschen, z. B. Klänge, die Wassertropfen, einen Fluss oder Meeresrauschen beinhalten. Aber auch ohne Musik ist diese Meditation äußerst wirksam.

Phase 1 (5 Minuten)
Setze dich aufrecht und bequem hin und platziere die Schüssel mit Wasser unmittelbar vor dir. Schließe als nächstes deine Augen und konzentriere dich ausschließlich auf deine Atmung. Du atmest langsam und tief ein, und in derselben Geschwindigkeit wieder aus.

Dabei lässt du Stück für Stück alle störenden und negativen Gedanken an dir vorbeiziehen. Versuche, sie wie von einer etwas entfernten Stelle aus einfach nur ruhig zur Kenntnis zu nehmen und zu beobachten, ohne sie beeinflussen zu wollen oder eine Wirkung haben zu lassen. Du lauschst und konzentrierst dich nur auf deinen Atem, der immer ruhiger und gleichmäßiger wird. Versuche dies so etwa fünf Minuten lang weiterzuführen.

Phase 2 (5 Minuten)
Nimm nun deine Hände und tauche sie in die Schüssel mit Wasser vor dir. Werde und bleibe ganz ruhig, sodass auch das Wasser keine Bewegungen macht. Du spürst, wie alles Leben mit Wasser erfüllt ist. Wasser fließt durch deinen Körper, du trinkst es oder badest darin. Stell dir vor, es regnet. Du spürst die Berührung eines jeden Wassertropfens und lauschst dem Rauschen des Wasser. Dabei atmest du weiter tief und ruhig.

Phase 3 (5 Minuten)
Bevor deine Finger nun ein Taubheitsgefühl entwickeln, beende die Kommunikation mit dem Wasser. Du ziehst deine Hände ganz langsam aus der Schüssel. Deine Augen bleiben noch einige Minuten lang geschlossen. Spüre der Meditation nach und ergründe dabei deine Gefühle. Wie fühlt es sich nun ohne Wasser an? Fehlt dir plötzlich etwas? Atme zum Schluss noch einmal kräftig ein und aus und öffne dann deine Augen.

Frage dich nun:
- War das Wasser zu kalt oder zu heiß?
- Hat die Musik im Hintergrund mir bei meiner Meditation geholfen oder mich eher abgelenkt?
- Was kann ich beim nächsten Mal besser machen?

WASSER-MEDITATION FÜR FORTGESCHRITTENE
Dauer: 20 Minuten

Phase 1 (10 Minuten)
Setze dich aufrecht und bequem mit der Schüssel mit Wasser unmittelbar vor dir hin. Das Wasser ist diesmal kalt und du verzichtest auf Musik. Du schließt nun deine Augen – alternativ kannst du sie aber auch halb geöffnet lassen - und konzentrierst dich auf deine Atmung. Du spürst, wie der Sauerstoff durch deinen Körper wandert. Im nächsten Schritt rduzierst du deine Atmung. Atme hierfür langsam 3-4 Sekunden lang tief ein, halte dann deinen Atem ebenso lang in deinen Lungen und atme in derselben Geschwindigkeit wieder aus. Störende und negative Gedanken werden langsam aber sicher leise und rücken in den Hintergrund, bis sie schließlich komplett verschwinden. Du lauschst und konzentrierst dich nur auf deinen Atem, der immer ruhiger und gleichmäßiger wird. Dein Körper fähr herunter.

Phase 2 (10 Minuten)

Nimm nun deine Hände und tauche sie in die Schüssel mit kaltem Wasser vor dir. Spüre das Wasser. Fühlt sich das Wasser am Anfang noch recht kalt an, wird es, je länger du damit in Kontakt bist, wärmer. Bewege dich nicht und bleibe ganz ruhig, sodass auch das Wasser keine Bewegungen macht. Spüre, wie alles Leben mit Wasser erfüllt ist. Stell dir vor, du stehst bis zur Hüfte in einem ruhigen, spiegelartigen See oder dem Meer. Um dich herum fällt ein sanfter Regen. Du spürst die Berührung eines jeden Wassertropfens und lauscht dem Rauschen des Wassers um dich herum. Alles ist Wasser – Wasser erfüllt und umgibt dich. Du atmest tief und ruhig.

Die Bilder von Meer und Regen verblassen langsam und du kehrst zurück ins Hier und Jetzt, in dem deine Hände in der Schüssel mit Wasser ruhen. Ziehe deine Hände nach einigen weiteren Atemzügen ganz langsam aus der Schüssel. Deine Augen bleiben dabei noch geschlossen. Zum Schluss, wenn du bereit bist, atme noch ein letztes Mal kräftig ein und aus und öffne deine Augen.

Kapitel 16: Was braucht es zum Meditieren?

Eigentlich brauchst du gar nichts. Du selbst reichst. Dein Atem, dein Gehirn und dein Körper sind die essentiellen Instrumente, wenn du meditieren möchtest. Natürlich kannst du dir, wenn du es gemütlicher haben möchtest, ein Meditationskissen besorgen. (Ich benutze dieses hier: Meditationskissen)

Falls du an einer bestimmten Art Meditation interessiert bist und du nicht innerhalb einer Gruppe meditieren möchtest, kannst du dir auch Audiodateien besorgen, die dich bei der Meditation unterstützen oder die gewünschte Meditation durchführen. (Siehe geführte Meditation)

Du kannst dir Hilfsmittel wie beispielsweise beruhigende Statuen,

Räucherstäbchen etc. kaufen, die vor allem am Anfang sehr nützlich und förderlich sein können. Bei manchen Meditationstechniken lernst du sogar in einem nicht optimalen Ambiente zu meditieren.

Kapitel 17: Mit Wut und Pessimismus umgehen

Depressionen, Angst, Wut und andere Probleme?

Wir alle kennen das, wenn Gefühle die Oberhand in uns gewinnen. Von einem Moment auf den anderen sind wir so wütend, dass wir keine Kontrolle mehr über uns haben, in diesen Momenten leben wir vollkommen unbewusst.

Wie geht man am besten mit solchen Emotionen um?
In der Meditation üben wir uns in Bewusstsein und Konzentration, und dies müssen wir hier auch tun.

Sie können diese Emotionen einfach verschwinden lassen. Es dauert seine Zeit, doch wie macht man es?

Wenn Wut in Ihnen aufkommt, sollten Sie sich dessen einfach bewusst werden.

Betrachten Sie Ihre Wut ohne darüber zu urteilen oder darüber nachzudenken. Wenn Sie das tun geben Sie zunehmend den Widerstand gegenüber dieser Emotion auf und befähigen sich selbst die Emotion loszulassen.

Fühlen Sie bewusst wie das Gefühl durch Ihren Körper geht und versuchen Sie nichts dagegen zu tun, beobachten Sie einfach nur.

Dadurch wird das Gefühl zwar wahrscheinlich nicht sofort verschwinden, aber wenn Sie oft genug einfach nur Ihre negativen Emotionen betrachten, werden diese ihre Kraft verlieren und Sie diese irgendwann einfach loslassen können.

Hier beginnt Ihre spirituelle Entwicklung zu einem sehr viel glücklicheren Leben.

Wenn Sie kontinuierlich Ihre Gefühle beobachten, dann werden Sie alle unnötigen negativen Gefühle aufgeben können und die Energie zurückgewinnen, die Sie zuvor auf das Unterdrücken Ihrer Gefühle verwendet haben.

Dasselbe gilt für alle anderen negativen Gefühle wie Scham, Schuld, Wut, Hass und Stolz. Halten Sie diese Gefühle nur lange genug in Ihrem Bewusstsein und beobachten Sie diese solange bis Sie sie vollkommen loslassen können und wie bereits erwähnt kann dies dauern. Anfangs werden diese negativen Emotionen immer wieder kommen, aber solange Sie sich ihrer bewusst werden, werden die Emotionen immer schwächer werden.

Wir wollen uns in Akzeptanz üben. Wenn wir akzeptieren was uns Schlimmes in unserer Vergangenheit widerfahren ist, dann geben wir den aufgebauten Widerstand zum Geschehen auf.
Und wenn wir akzeptieren, dann lassen wir auch los.

Verlieren Sie nur nicht die Motivation. Interessanterweise sind die Menschen, die ein besonders hohes Maß an Spiritualität und Erleuchtung erlangen oftmals Menschen, die eine besonders negative Vergangenheit haben.

Doch kann gerade diese negative Vergangenheit uns Menschen die Motivation verleihen wahre geistliche und spirituelle Größe zu erlangen.

An dieser Stelle möchte ich noch einmal betonen wie wichtig es ist, dass Sie als Mensch immer weiter wachsen. Üben Sie sich kontinuierlich in Meditation und Bewusstsein. Sie werden ein weitaus schöneres Leben haben.

Wenn Sie einmal nicht motiviert sein sollten zu meditieren, dann machen Sie sich des Widerstands bewusst und akzeptieren Sie ihn. Geraten Sie nicht in negative Gedankenmuster wie "Ich ein Versager, ich schaffe es einfach nicht zu meditieren".

Wenn Sie Ihren Widerstand lange genug mit Ihrem Bewusstsein beobachten, dann wird dieser von alleine verschwinden.

Kapitel 18: Üben der Grundlagen der achtsamen Meditation

An dieser Stelle könnte es einige Fragen geben, die Sie sich selbst stellen. Bist du die Art von Person, die achtsame Meditation praktizieren kann? Die Antwort auf diese Frage ist, ja natürlich! Wenn es um Meditation geht, gibt es keine Grenzen. Man kann nie zu alt, zu unförmig oder gar zu religiös sein. Es ist weder etwas, das schwer zu erreichen ist, noch braucht man eine Doktorarbeit, um es herauszufinden. Wir sind alle in der Lage, in unserem Geist und Körper präsent zu sein, und achtsame Meditation erfordert nicht, dass wir ändern, wer wir in unserem Kern sind.

Achtsame Meditation zu praktizieren, ist etwas, was wir wirklich zu jedem Zeitpunkt des Tages tun können. Um es effektiver einzubauen, sollten Sie es vielleicht morgens vor einer Dusche oder einem Frühstück oder nachts kurz vor dem

Schlafengehen versuchen. Du musst nur eine Zeit finden, die Ruhe und Frieden ermöglicht, damit du reflektieren und in diesen achtsamen, meditativen Zustand gelangen kannst. Lassen Sie uns mit diesen Vorschlägen über die Grundlagen achtsamer meditativer Praktiken sprechen.

Achtsame Meditation hilft uns, einen Raum zwischen unseren Reaktionen und uns selbst zu finden. Es zerlegt jene bedingten Reaktionen auf Stress, Arbeit und alltägliche Dinge, die in unserem Leben vorkommen.

1. Finden Sie die Zeit! Dies ist wahrscheinlich der schwierigste Teil der Meditation. Ohne Zeit finden wir es einfach, eine Ausrede zu finden, um das Meditieren für den Tag zu überspringen. Nicht. Meditation erfordert weder das Verlassen des Hauses noch irgendeine Art von Spezialausrüstung. Alles, was du brauchst, ist deine Zeit und etwas Platz.

2. Beobachte den Moment. Achtsamkeit bedeutet nicht unbedingt, den Geist zu beruhigen oder einen ewigen Zustand der Ruhe zu finden. Das Ziel hier ist einfach. Wir wollen auf den Moment achten, in dem wir uns befinden, ohne zu urteilen. Wenn wir einen Gedanken oder etwas, das wir in der Vergangenheit getan haben, beurteilen, neigen wir dazu, darüber nachzudenken. Das ist kein Leben im Moment und ist nicht förderlich für achtsame Meditation. Obwohl dies leichter gesagt als getan ist, ist es ein entscheidender Schritt zur achtsamen Meditation. Mit der Praxis wird es leicht zu erreichen sein. Achte auf den Moment, deine Sinne und deine Umgebung.

3. Ignorieren Sie diese lästigen Urteile. Achte auf die Zeiten, in denen du beim Praktizieren ein Urteil fällst. Notiere sie dir und mach weiter.

4. Komm immer wieder auf die Beobachtung und den gegenwärtigen Moment zurück. Es ist leicht für unseren Geist, sich in Gedanken zu verlieren. Achtsamkeitsmeditation ist die Kunst, sich

immer wieder auf den Moment zurückzubewegen, so oft, wie es nötig ist. Lassen Sie sich nicht entmutigen. Am Anfang wirst du feststellen, dass dein Verstand viel wandert. Spulen Sie es wieder ein und fahren Sie weiter vorwärts.
5. Seid freundlich. Selbst wenn dein Verstand zufällig wandert, und das wird er auch, sei nicht hart zu dir selbst. Es passiert. Erkennen Sie alle Gedanken, die auftauchen, legen Sie sie zur Seite und gehen Sie wieder auf den richtigen Weg.

Wie du sehen kannst, sind die Grundlagen ziemlich einfach. Dies sind die Dinge, an die du dich täglich erinnern musst, während du übst. Wichtig ist, dass Sie jeden Tag die Zeit finden, die Grundlagen zu implementieren. Das Beherrschen der Grundlagen wird es dir viel einfacher machen, in die tieferen Aspekte der achtsamen Meditation einzutauchen, die wir später besprechen werden.

Bevor wir weitermachen, lassen Sie uns auf einige häufige Fragen eingehen, die die

Menschen über Achtsamkeit haben. Es ist wichtig zu wissen, dass es viel Raum für das Lernen durch Ausprobieren gibt. Was für eine Person funktioniert, muss nicht unbedingt für Sie funktionieren.

Eine der häufigsten Fragen ist, ob es einen richtigen oder falschen Weg zur Meditation gibt oder nicht. Oftmals denken die Menschen, dass sie etwas falsch machen, weil der Verstand diese Tendenz hat zu wandern. Menschen finden Wege, fast alles in Frage zu stellen, von der Position, in der sie sich befinden, bis hin zur Art und Weise, wie ihre Hände ruhen.
Wie wir in Schritt fünf oben besprochen haben, ist das Erkennen des Gedanken und dann die Rückkehr zur Meditationstechnik (die wir später besprechen werden) alles, was du tun musst. Wenn du in der Lage bist, diesen Gedanken anzuerkennen, ihn wieder dorthin zu bringen, wo er hingehört, und mit deiner Praxis fortzufahren, dann tust du es richtig.

Eine weitere Frage ist, ob es notwendig ist, jeden Tag zu üben. Die Antwort darauf ist nein, aber wenn du erwartest, gut in achtsamer Meditation zu werden, wirst du so oft wie möglich üben wollen. Je mehr du es tust, desto nützlicher wird es. Nicht nur das, je öfter du übst, desto einfacher wird es. Es wird auch Teil Ihres Tagesablaufs sein, denn Sie haben herausgefunden, wo es jeden Tag perfekt in Ihren Zeitplan passt. Studien haben gezeigt, dass es etwa achtundzwanzig Tage dauert, bis man sich etwas angewöhnt hat. Denke an achtsame Meditation auf diese Weise. Erlebe 28 aufeinander folgende Meditationstage und du hast eine gesunde Gewohnheit entwickelt!

Schließlich hat die dritthäufigste Frage mit der Formalität der Achtsamkeitspraxis zu tun. Wirklich, es kann allein oder in einer Gruppe zu jeder Zeit und an jedem Ort durchgeführt werden. Wenn Ihnen die Gruppenaktivitäten nicht gefallen, ist das auch in Ordnung. Das Lesen dieses Buches wird dich zu deiner Solo-Praxis führen. Und, wenn du herausfindest, dass du Gruppenmeditation ausprobieren möchtest, gibt es Tonnen von Ressourcen online. Es ist ziemlich wahrscheinlich, dass es eine Gruppe in Ihrer Nähe gibt!

Bevor wir zur tieferen Praxis der achtsamen Meditation übergehen, lassen Sie uns einige der häufigsten Dinge aufdecken, die Menschen bei dieser Praxis falsch verstehen.

Achtsamkeit soll etwas beheben, das mit der Person nicht stimmt.

Das ist definitiv nicht wahr. Als Menschen haben wir die Tendenz, uns selbst wegen der kleinen Dinge zu verprügeln. Bei der Meditation geht es nicht darum, zu diesem festen Ziel zu gelangen. Es geht um die Reise und das Erkunden. Mit der Meditation sind wir in der Lage, uns in das Innenleben unseres eigenen Geistes zu wagen. Wir können ein tieferes Verständnis von uns selbst haben. Ein

größeres Gefühl unserer Emotionen und Gedanken.
Achtsamkeit bedeutet, neugierig zu sein, was in unserem Kopf passiert. Das Gefühl selbst ist ziemlich befreiend. Achtsame Meditation zu lernen hilft uns, unsere Empfindungen, Emotionen und Gedanken mit viel mehr Geschick zu steuern. Diese Stimme in unserem Kopf ist weniger störend. Wir sind in der Lage, uns zu konzentrieren. Keines dieser Dinge ist dazu gedacht, einen Teil von dir oder deinem Geist zu reparieren. Es gibt nichts in dir, was reparaturbedürftig ist. Achtsame Meditation ist eine Möglichkeit, diese Achtsamkeit, Freundlichkeit, Gewahrsein und Mitgefühl zu finden. Es hilft dir, dich zu verstehen und dich mit anderen auf einer tieferen Ebene zu verbinden.

Meditation ist langweilig oder selbstgefällig

Das ist ein weiterer Mythos. Ja, wir müssen langsamer werden, um zu meditieren, und manchmal kann man das mit langweilig verwechseln. Wirklich, alles im Leben muss nicht schnell gehen und wir müssen nicht ständig unterwegs sein. Unser Geist und unser Körper brauchen diese Ausfallzeit, um sich zu erholen und eine Pause einzulegen. Das ist nicht langweilig. Das erlaubt es uns, die Gelegenheit zu nutzen, uns einfach zu entspannen und einen Moment in uns selbst hineinzuschauen. Die Annahme, dass Meditation langweilig ist, ist ein altes Stereotyp. Meditation ist ein Mittel, um eine Gesundheit in unserem eigenen Geist zu finden. Es dämpft uns nicht in dieselben, sich wiederholenden Routinen. Es hilft uns, wir selbst zu sein, und das kann nie als langweilig angesehen werden.

Achtsamkeit ist nichts anderes als eine buddhistische Praxis.

Nochmals, das ist nicht wahr. Die Kunst der Achtsamkeit soll nicht dazu dienen, einen von seinem eigenen religiösen Glauben abzulenken. Ja, es basiert auf der buddhistischen Technik, aber letztendlich ist Achtsamkeit eine inhärente menschliche Fähigkeit und Instinkt. Das kann nicht von einer religiösen Gruppe oder Philosophie geprägt sein. Wir alle sind in der Lage, mit Übung und Disziplin umzugehen.

Es ist der gleiche Prozess für jemanden, der danach strebt, ein professioneller Athlet oder ein Bodybuilder zu sein. Achtsamkeit in der heutigen Zeit ist ein Begriff, der verwendet wird, um Tugenden und Qualitäten zu beschreiben, die aus der Meditation kommen. Eine dieser Qualitäten ist Mitgefühl. Achtsamkeit ist eine angeborene Fähigkeit, die alle Menschen besitzen. Alles, was wir tun müssen, ist üben und kultivieren.

Es kann aus Menschen geistlose, emotionslose Roboter machen.

Dieser Mythos ist einfach absurd. Wenn man Achtsamkeit mit guten Absichten und Ehrlichkeit praktiziert, versteht man, dass wir genau das aus ihr machen. Wir wollen uns selbst besser und verständnisvoller machen. Alles, was gut ist, kann und wird irgendwann einmal missbraucht werden. Auch hier liegt alles in der Absicht des Praktizierenden. Achtsamkeitsmeditation kann in keiner Weise die ethischen Entscheidungen bestimmen, die man während der Praxis trifft. Es wird den Praktizierenden jedoch in eine bessere Position bringen, um solide und sichere Entscheidungen zu treffen.

Achtsamkeit ist der nächste Trend, der bald verblassen wird.

Da dies seit Jahrhunderten in der Praxis üblich ist, kann man es kaum als Trend oder Modeerscheinung bezeichnen. Wie die meisten Dinge kann seine Popularität kommen und gehen, aber es ist nicht etwas, das jemals vollständig verschwinden wird.
 Mit neueren wissenschaftlichen Studien, die den Nutzen einer achtsamen Meditation zeigen, ist es

unwahrscheinlich, dass die Praxis jemals verschwinden wird.

In der Tat, es könnte einfach weiter an Dynamik gewinnen, da immer mehr Menschen erkennen, wie großartig die Vorteile für Körper und Geist sein können.

Es wird immer Skeptiker und Schwarzseher geben, aber was wir bedenken müssen, ist, dass es diese Praxis seit Jahrhunderten gibt. Darüber hinaus hat die Wissenschaft die Vorteile einer achtsamen Meditation bestätigt. Achtsamkeit ist gut für Körper und Seele. Im nächsten Kapitel wird näher darauf eingegangen.

Kapitel 19: Meditationsübungen

Die nachfolgenden Meditationsübungen sind nur ein kleiner Querschnitt von Anwendungsbeispielen, die Sie für Ihre Meditation nutzen können. In vielen Fällen sind auch Abweichungen oder Varianten möglich. Hierbei kommt es auf Ihre Vorstellungskraft und Ihren Ideenreichtum an. Wichtig bei jeder Meditation sind die bequeme Haltung sowie Ihre Konzentration auf die jeweilige Übung.

Alle Übungen werden in der Regel zwischen 10 und 20 Minuten ausgeführt. Sollte es Ihnen gerade am Anfang noch etwas schwer fallen, sich völlig zu konzentrieren, kann es vorkommen, dass Sie vielleicht länger brauchen. Doch das ist völlig normal und kann sich auch nach längerer Anwendung der Meditation hin und wieder bemerkbar machen. Vielleicht weil es einmal ein besonders stressiger Tag war oder ein großes Problem Ihre Gedanken beherrscht.

Auch die Zeit, bis Sie den meditativen Entspannungszustand erreicht haben, kann sich unterscheiden. Lassen Sie sich davon jedoch nicht beeinflussen, indem Sie unruhig werden oder sich unter Zeitdruck setzen. Ähnlich wie beim Joggen muss man auch beim Meditieren seinen ganz eigenen Rhythmus finden.

Um Ihnen die Navigation zu erleichtern, finden Sie hier alle Übungen aufgelistet. Klicken Sie einfach auf die jeweilige Übung und Ihr Kindle öffnet die entsprechende Seite.

Ich wünsche Ihnen innere Ruhe und viel Entspannung mit den folgenden Übungen

Kapitel 20: Andere Menschen mit Meditation beeinflussen

Wie wir im vorigen Kapitel bereits gelernt haben, geht es bei der Meditation am Ende nicht nur um unser eigenes körperliches und geistiges Wohlbefinden. Es ist tatsächlich so, dass das Denken der meisten Menschen ausschließlich um sie selbst und um ihre eigenen Probleme kreist. Wir machen uns Sorgen um unsere Gesundheit, um unsere Finanzen, um unsere Familie und um die Beziehung zu unserem Ehepartner rund über tausend andere Dinge. Mache davon können wir selbst verbessern, andere liegen auch völlig außerhalb unserer Einflussmöglichkeiten. Meisten sind wir so sehr mit uns selbst beschäftigt, dass wir die Probleme anderer Menschen völlig ignorieren. Gar nicht aus bösem Willen, sondern einfach, weil wir viel zu sehr mit unseren eigenen Nöten beschäftigt sind, als das wir uns auch noch mit den

Problemen anderer Menschen beschäftigen können.

Meditation hilft uns dabei, uns selbst kennen zu lernen und ein zufriedeneres und entspannteres Leben zu führen, indem Ängste und negative Emotionen nur noch wenig Macht über uns haben. (Leider ist es nicht möglich, diese inneren Dämonen ganz loszuwerden, da sie zum Mensch sein dazu gehören und wir sie darum nicht völlig beseitigen können). Wenn wir aber dank Meditation weniger von Ängsten und Sorgen gepeinigt werden und nicht mehr unter Stress stehen, dann hat das nicht nur positive Auswirkungen auf uns selbst, sondern wir beeinflussen damit auch unsere Umwelt zum Guten. Und zwar auf zweierlei Weise.

Zunächst einmal üben wir selbst dann einen positiven Einfluss auf unsere Umwelt aus, wenn das gar nicht bewusst unsere Absicht ist. Wenn Sie selbst entspannter, gelassener und selbstbewusster sind und nicht mehr einen riesigen Berg von Sorgen, negativen Gefühlen und ungelösten Problemen mit sich herumschleppen, dann verändert das automatisch Ihre Wirkung nach außen. Sie wirken auf andere Menschen attraktiver, positive rund freundlicher haben eine angenehmere Ausstrahlung. Anderen Menschen geht es in ihrer Gegenwart besser als zuvor, ihre eigene positive Grundprägung überträgt sich auf Ihre Umgebung und färbt auch auf die Menschen in Ihrer Umgebung ab.

6.1. Das Gesetz der positiven Anziehung

Was hier stattfindet, ist nicht weiter überraschen. Es ist das Gesetz von der positiven Anziehung, das beginnt seine Wirkung zu zeigen. Wenn Sie selbst positive Energie aussenden, dann wirkt das automatisch auch auf Ihre Umwelt positiv und es kommt positive Energie zu Ihnen zurück. Sie können es auch Karma nennen, denn auch das Gesetz des Karmas funktioniert auf die gleiche Weise und meint im Grunde nichts anderes. Wenn Sie gute Dinge tun, dann widerfahren Ihnen selbst auch gute Dinge und andere Menschen werden auch Ihnen gutes tun. Sie beeinflussen Ihre Umgebung und sich selbst positiv, auf einer zunächst passiven Ebene, die ausschließlich auf Ihre veränderte positivere und ausgeglichene Ausstrahlung zurückzuführen ist.

Das Ganze hat aber auch noch eine zweite, aktivere Komponente. Durch Meditation wird Ihr Geist von viel unnötigem Ballast befreit und Sie haben plötzlich viel mehr Zeit, um über andere Dinge nachzudenken, da das Sorgenkarussell sich für Sie aufgehört hat, sich zu drehen. Außerdem fördert die Meditation die Fähigkeit zu Mitgefühl und Empathie, so dass Sie ganz von selbst anfangen, sich auch selbst mehr Gedanken über das Wohlbefinden Ihrer Mitmenschen zu machen und sich selbst nicht mehr so wichtig nehmen und nicht mehr so in den Mittelpunkt stellen, wie das früher der Fall war.

Sie sehen jetzt auch die Probleme Ihrer Mitmenschen und werden versuchen, diese zum Besseren zu wenden. Ohne Zwang und ohne Druck auszuüben. Sie bieten ihren Rat an und helfen, wo Sie können. Wenn es gelingt, haben Sie die

Welt wieder ein Stück weit in einen angenehmeren Ort verwandelt. Wenn es misslingt, dann haben Sie eben Ihr bestes gegeben. Selbstverständlich können Sie nicht jedes Problem lösen und nicht alle Menschen in Ihrer Umgebung glücklich machen. Aber Sie nehmen die Probleme anderer jetzt sensibler wahr und versuchen, wo immer sich die Möglichkeit bietet, zu helfen und Probleme zu lösen. Sie werden erstaunt sein, wie viele Menschen plötzlich interessiert an Ihrem Rat sein werden – einfach weil Sie aufgrund Ihrer inneren Ruhe Vertrauen und Zuversicht wecken.

Kapitel 21: Was mache ich, wenn Kinder vor Meditation haben?

Kindern Ängste zu nehmen ist grundsätzlich eine große Herausforderung, weil diese Ängste oft nicht verstandesmäßig nachempfunden werden können. Die Ängste stammen aus der Tiefe der Seele und wurden bspw. durch Assoziationen mit schlechten Erlebnissen, aus Sequenzen von Filmen, die zwar ohne Altersbeschränkung freigegeben wurden, aber zu nicht verarbeitbaren Eindrücken führten und bei Kindern Ängste auslösten. Denken wir da nur an Bambi und die Weihnachtsgeschichte. Der Umgang mit Ängsten ist ein wichtiger Bestandteil der frühkindlichen Erziehung. Ängste vor Reaktionen auf Handlungen des Kindes, die in der Familie als nicht verhaltenskonform gesehen werden oder die Ängste durch gruselige Gestalten in Filmen oder Geschichten sollten von den Eltern bereits situativ geklärt werden, damit eine Vermischung von Fiktion und Realität für die Kinder verständlich wird.

Stellen Sie den Kindern die meditativen Übungen als Spiel vor, um ihnen einen Rückzug aus der Hektik des Alltags, Problemen mit sich und anderen Kindern, die sie be- oder überlasten, zu ermöglichen. Die Vorgehensweise sollte daher auf die Bedürfnisse und Fähigkeiten des Kindes angepasst werden. Das ist in einer Gruppe sicherlich nicht einfach, deshalb ist es wichtig, die Kinder zunächst mit kurzen Übungen an das Thema der Meditation heranzuführen. Eine Verbindung aus Bewegungs- und Ruheübungen ist ein sinnvoller Einstieg. Besonders Kinder, die Ängste vor der Dunkelheit haben, wird es erfahrungsgemäß zunächst schwerfallen für einige Minuten bewusst die Augen zu schließen oder in einem abgedunkelten Raum zu liegen. Daher ist es besonders wichtig die Gedanken auf eine positive Reise zu schicken oder auf einen vertrauten und beruhigenden Gegenstand zu lenken, der die Kinder beruhigt und ihnen ein Gefühl der Geborgenheit vermittelt. Das kann durch das Vorlesen einer positiven Geschichte oder das Visualisieren einer zauberhaften Gestalt geschehen. Einige Kinder beruhigt es zusätzlich, wenn sie ihr Lieblingskuscheltier oder ihr Einschlafkissen bei sich haben können.

In einer Gruppe ist es für viele eher schüchterne und unsichere Kinder zunächst eine große Überwindung, die mit einem Gefühl des Schams verbunden sein kann, denn das Loslassen verbinden diese Kinder mit der Aufgabe einer erlernten Verhaltensstruktur und es bedarf auch der Unterstützung der Eltern im häuslichen Bereich diese Übungen als ein positives Erlebnis aufzunehmen. Eine mögliche Reflexion in der Familie ist es, wenn die Eltern sich das Erlebte von ihren Kindern erzählen und vormachen lassen und das mit ihnen zu Hause nachmachen. Das stärkt die Position des Kindes in der Familie und gibt ihm das Gefühl, eine positive Erfahrung und Erleben in die Gemeinschaft zu bringen und die eigene Position zu festigen.

Kapitel 22: Eine kleine Anleitung - Meditation erlernen

Es ist empfehlenswert, dass du es dir so einfach wie möglich machst, wenn du das Meditieren erlernen willst. Damit will ich sagen: Tu in dieser Zeit nichts anderes und konzentriere dich ausschließlich auf die Meditation.

In 7 Schritten meditieren lernen:

1. Suche dir als erstes einen Ort aus, an dem du meditieren möchtest. Achte darauf, dass es ruhig und sauber ist – besser gesagt, der Platz sollte dir zusagen und du solltest dich darauf freuen dort einige Zeit zu verbringen.

Mein Tipp ist es, dass du den Ort deiner Meditation so einfach wie möglich hältst und dort keine überflüssigen Dinge zu finden sind. Schließlich sollst du in dich kehren und das geht am besten, wenn alle

Störeinflüsse eliminiert oder zumindest minimiert werden.

2. Bevor du mit der Meditation beginnst, achte darauf dass es ruhig und angenehm ist. Das bedeutet: Handy aus oder auf lautlos und zudem solltest du dafür sorgen, dass du für die Dauer der Meditation von niemanden gestört wirst.

3. Setze dich keinesfalls auf den kalten Boden. Besser ist eine Yogamatte oder ein dickes Handtuch, worauf du dich setzt. Achte darauf, dass du es wohlig warm hast.

Allerdings sollte die Unterlage eher hart sein und damit ist es keine gute Idee im Bett zu meditieren, da die Matratze dich einsinken lässt. Bist du noch Anfänger, dann kannst du dich im Schneidersitz hinsetzen und wenn du dehnbar bist, dann ist es einen Versuch wert, den Halb-Lotus-Sitz einzunehmen (einen Fuß auf den anderen).

Möchtest du nicht auf dem Boden sitzen, dann kannst du auch auf einem Stuhl Platz nehmen. Die Hauptsache ist, dass es für dich angenehm ist. Sicherlich wird es zu Beginn nicht gerade gemütlich und komfortabel sein, aber es sollten keinesfalls Schmerzen auftreten.

4. Wichtig beim Meditieren ist es, dass die Wirbelsäule aufrecht ist. Durch den aufrechten Rücken öffnet sich die Brust und das bedeutet, dass du frei atmen kannst und der Energiefluss ungehindert zustande kommt.

Deine Arme liegen einfach im Schoss und die Hände ineinander. Die Daumen zeigen gegeneinander, aber berühren sich nicht. Dein Kopf schaut gerade nach vorn und die Schultern lässt du fallen. Versuche generell, den Körper zu entspannen und zugleich eine aufrechte Haltung einzunehmen.

5. Nun ist alles perfekt. Du sitzt an einem ruhigen Ort und das in aufrechter

Haltung. Den Wecker stellst du nun auf 10 Minuten, was für den Beginn vollkommen ausreichend ist. Nun schließt du die Augen und atmest ein paarmal bewusst tief in deinen unteren Bauch ein und aus. Währenddessen überprüfe noch einmal deine Körperhaltung:

- Aufrechter Rücken
- Lockere Schultern
- Freier Brustraum
- Entspanntes Gefühl

6. Du hast die ersten tiefen Atemzüge genommen und nun bleibst du ganz bewusst mit deinem Bewusstsein eben beim Atmen. Es geht zu Beginn nur darum, aus dem Kopf herauszukommen und in den Körper hineinzugehen.

Spüre den Atem, wie er langsam in den Körper hineinfließt und diese wieder verlässt. Achte auf jedes kleinste Detail und auch darauf, wie sich den Bauch weitet, während du einatmest und wie die Luft deine Lippen passieren, während du ausatmest. Dein Ziel ist es, während der gesamten Meditationszeit den Atem bewusst zu beobachten.

7. Natürlich ist es das Ziel der Meditationsübung, dass du diesen Zustand selbst im Alltag wahrnimmst. Holt dich der Wecker nach 10 Minuten zurück, dann steh nicht sofort auf und renne dem nächsten Termin hinterher, sondern nimm die neue Energie und den geschärften Fokus mit.

Bleibe dir und deinem Atem bewusst, bleibe in der aufrechten Haltung und bleibe bewusst!

Kapitel 23: Haben Sie heute schon gelacht?

Wer es bis jetzt noch nicht wusste: Es gibt tatsächlich eine Wissenschaft, die sich mit dem Humor beschäftigt, die Gelotologie. Diese untersucht die Auswirkung des Lachens auf den Körper und die Psyche des Menschen. Und davon gibt es eine Vielzahl.

Zum einen werden Glückshormone, wie das Dopamin, im Gehirn ausgeschüttet und zeitgleich werden auch Stresshormone reduziert. Zum anderen aktiviert das Lachen das Herz-Kreislauf-System, die Atmung wird tiefer und das Immunsystem angekurbelt.

Das Lachen hält fit, da dabei 300 verschiedene Muskeln aktiviert werden. Es wirkt gegen Angst, Lampenfieber und Depressionen.

Im Zentrum des Gehirn sitzt ein Areal, welches für die Belohnungen zuständig ist. Hier wird beim Lachen das Dopamin ausgeschüttet. Gutes Essen, guter Sex oder auch (leider) Drogen haben die selbe Wirkung. Dabei ist wissenschaftlich bestätigt, dass nicht nur das spontane Lachen unser Gehirn derart stimuliert, sondern auch nur das zunächst simulierte („Motion creates emotion").

Mit dieser Erkenntnis lässt sich gut nachvollziehen, wie Lachyoga funktioniert. Es ist eine Kombination aus pantomimischen und spielerischen Elementen aus dem Yoga und der westlichen Gelotologie. Gerade Menschen, die wenig zu lachen haben, praktizieren Lachyoga, um die positiven Effekte des Lachens auf den Organismus zu nutzen.

Hier finden Sie einige Übung dazu:

Gehen Sie vor einen Spiegel, recken und strecken Sie sich genüsslich. Gähnen und seufzen sie sooft und so ausgiebig Sie

mögen, und setzen Sie bewusst ein breites Grinsen in Ihr Gesicht. Halten Sie dieses Lächeln und stellen Sie sich vor, wie ein Cocktail aus Glückshormonen in diesem Moment Ihren ganzen Körper flutet. Falls Sie auf einmal den Drang verspüren sollten, laut zu lachen, geben Sie diesem natürlichen Drang nach.
Eine andere Übung sieht so aus:

Stellen Sie sich bequem mit dem Rücken an eine Wand. Ihre Beine sind leicht gebeugt, die Schulten entspannt. Rubbeln Sie Ihren Rücken durch energische Bewegungen von unten nach oben und von rechts nach links und umgekehrt an der Wand. Rollen Sie Ihre Schultern und grinsen oder lachen Sie dabei, gerne auch laut.

Noch mehr Vergnügen macht die ganze Angelegenheit mit einem Partner, Rücken an Rücken.

Die letzte Übung, die ich Ihnen gerne vorstellen möchte:

Lassen Sie sich entspannt auf Ihr Sofa fallen oder setzen Sie sich bequem in einen Sessel. Nun schließen Sie Ihre Augen und atmen einige Male tief durch die Nase ein und aus. Lassen Sie dabei die Anspannung und den Stress von sich abfallen. Dann ziehen Sie Ihre Mundwinkel bewusst zu einem Grinsen hoch und beobachten neugierig, was in Ihrem Körper geschieht.

Geben Sie sich dem Gefühl vollkommen hin. Lächeln Sie kraftvoll nach innen und lassen Sie alle Zellen Ihres Körpers an der Botschaft teilhaben: „Es geht mir richtig gut!": Nach einer Weile öffnen Sie Ihre Augen wieder und starten entspannter.

Kapitel 24: Konzentration und Fokus

Wir haben Ihnen bereits gezeigt, wie Sie durch kurze Meditationsphasen und Techniken Stress besser bewältigen, mehr Glück erfahren und mehr Motivation schöpfen. Beginnen Sie nun damit eine längere Meditation durchzuführen. Wie lange diese dauert, liegt ganz bei Ihnen. Sie sollen loslassen, sich in Ihrem Selbst verlieren und schließlich nicht auf die Uhr gucken. Setzen Sie sich in eine bequeme Position. Am besten sitzen Sie ein wenig erhöht, auf einem Kissen, im Schneidersitz auf dem Boden. Entspannen Sie alle Ihre Muskeln. Ihre Arme hängen locker herab und Ihre Hände liegen auf Ihren Knien auf. Schließen Sie die Augen. Am Anfang einer jeden Meditation gilt es zu lernen, sich zu fokussieren. Durch all die Ablenkungen und Stress des Alltags fällt uns nämlich genau das schwer: Konzentration! Bevor Sie mit der geistigen Konzentration beginnen, fokussieren Sie sich auf Ihr physisches Dasein. Richten Sie Ihren Fokus auf jedes einzelne Ihrer Körperteile und nehmen Sie sich mit all Ihren Sinnen wahr.

Beginnen Sie mit Ihrer Nasenspitze. Spüren Sie jede einzelne Pore auf Ihrer Nase. Was riechen Sie? Was fühlen Sie? Wandern Sie hinunter zu Ihrem Mund. Ihre Zunge liegt schwer darin. Was schmecken Sie? Dann wandern Sie Ihren Hals hinab, zu Ihrer Brust, die sich durch Ihre Atmung hebt und senkt. Konzentrieren Sie sich für eine Weile nur auf Ihre Atmung. Spüren Sie, wie sich Ihre Lunge mit Sauerstoff füllt, wenn Sie einatmen und stellen Sie sich vor, wie der Sauerstoff sich durch Ihren Körper verteilt, bis er auch in den kleinsten Äderchen angelangt ist. Wandern Sie nun Ihre Schultern und Arme hinunter. Versuchen Sie zu erspüren, ob ein Lufthauch Ihre Haut streift. Dann wandert Ihr Fokus weiter bis zu Ihren Fingerspitzen. Gehen Sie zurück. Spüren Sie Ihre Beine hinunter bis zu Ihren Zehennägeln. Jetzt wandern Sie den ganzen Weg zurück, Ihre Wirbelsäule hinauf bis zu Ihrem Kopf.

Fahren Sie in Gedanken die Form Ihres Ohres nach. Konzentrieren Sie sich auf das Summen der Fliege an Ihrer Fensterscheibe. Tasten Sie sich nun langsam zurück in einen wachen Zustand und öffnen Sie die Augen.

Wenn Sie es schaffen sich auch nur für zehn Minuten voll und ganz auf Ihr physisches Dasein zu konzentrieren, sollten Sie sich bereits ruhiger, stressfreier und klar im Kopf fühlen. Sie haben Ihren Fokus für Wesentliches geschärft und Kraft und Energie getankt. Die Minuten gehören ganz allein Ihnen und durch die Konzentration auf eine bestimmte Sache halten Sie all Ihre anderen Gedanken, die Ihren Morgen so träge und grau machen, an. Die Konzentration an sich, wird Ihnen am Anfang vermutlich etwas schwer fallen. Wir sind es kaum noch gewohnt uns voll und ganz einer so simplen Sache, wie der Selbstbeobachtung, zu widmen. Es wird also ein wenig Übung brauchen. Sobald Sie merken, dass Ihre Gedanken abschweifen, führen Sie sie langsam zurück und richten Ihren Fokus behutsam wieder auf die Erkundung ihres physischen Ichs.

www.ingramcontent.com/pod-product-compliance
Lightning Source LLC
Chambersburg PA
CBHW071433070526
44578CB00001B/89